# 赢在演讲

Win the Speech

干得漂亮　更要讲得漂亮

玉米◎著

中国经济出版社
CHINA ECONOMIC PUBLISHING HOUSE
北京

**图书在版编目（CIP）数据**

赢在演讲 / 玉米著. -- 北京 ：中国经济出版社，2024. 8. -- ISBN 978-7-5136-7844-5

Ⅰ. H019

中国国家版本馆 CIP 数据核字第 20243YM300 号

责任编辑 丁 楠
责任印制 马小宾
封面设计 久品轩

**出版发行** 中国经济出版社
**印 刷 者** 北京富泰印刷有限责任公司
**经 销 者** 各地新华书店
**开　　本** 880mm × 1230mm　1/32
**印　　张** 9
**字　　数** 200 千字
**版　　次** 2024 年 8 月第 1 版
**印　　次** 2024 年 8 月第 1 次
**定　　价** 66.00 元
**广告经营许可证** 京西工商广字第 8179 号

**中国经济出版社** **网址** http://epc.sinopec.com/epc/ **社址** 北京市东城区安定门外大街 58 号 **邮编** 100011
本版图书如存在印装质量问题，请与本社销售中心联系调换（联系电话：010-57512564）

---

# 推荐序

在这个拥有无限信息，瞬息万变的时代，演讲作为深度沟通的媒介，其价值和重要性不言而喻。正如马克·吐温所说：“世界上只有两种力量是永恒的，那就是剑与思想；而思想，是通过语言来表达的。”在商业界，一场精彩的演讲足以点燃市场的无限潜能，赢得客户的信任；在学术界，一场精彩的演讲则如火花般点燃思想的碰撞。掌握演讲的艺术，对每一位在时代浪潮中前行的我们来说，都是一门不可或缺的必修课。

我有幸为《赢在演讲》一书作序，这份缘分起源于我对书中作者——玉米老师的卓越学识与教学能力的衷心认可。玉米老师在演讲领域深耕多年，她凭借睿智的现场反应、丰富的经验以及多样的教学方法，在无数学员心中播下了演讲的种子。她的课堂总是充满灵感与启发，让人在轻松愉快的氛围中自然而然地掌握了演讲的技巧。

作为紫光华智的首席技术官，一家人工智能公司的CTO，我之前对演讲一直有个理工男的认识误区，就是觉得它“高大炫”。玉米老师最重要的一点便是教会我，“演讲要围绕你的观众，有效地组织内容”。每一次演讲都是一场量身定制的“对话”，需要深入理解观众的背景、需求与期待，最终才能精准传达信息，激发共鸣，从而更快地与观众达成一致。

《赢在演讲》一书是玉米老师多年教学经验的结晶。它以系统而全面的视角，从声音魅力、肢体语言到内容构建，为读者搭建起了一座通往演讲高手的桥梁。书中不仅阐述了演讲的基本理论，更提供了大量即学即用的实战技巧与公式，让即便是演讲初学者也能迅速上手，逐步精进。这不仅仅是一本关于演讲的书籍，更是一本指导我们如何在生活中更好地表达自己、影响他人的实用指南。

最后，我真心希望每一位翻开《赢在演讲》的读者，都能在这本书里找到属于自己的演讲之钥，从而开启一段段精彩纷呈的演讲之旅，并像我一样热爱上演讲。愿我们一起，都能以演讲为翼，飞翔到我们想要到达的远方。

紫光华智 CTO 周斌

# 自序

约翰·拉斯金说："言语是人类灵魂的镜子，一个人只要说话，就会从他的话里，显示出他的品格。"在当今社会，演讲已成为一种不可或缺的能力。无论是职场竞争、学术交流还是日常沟通，优秀的演讲能力都能让你脱颖而出，赢得更多的机会与认可。每当目睹那些伟大的演讲者以寥寥数语便能点燃观众心中的火焰，我便深知，演讲不仅仅是技巧的展现，更是心与心的链接；演讲不仅仅是传递信息的工具，更是塑造自我、影响他人的重要途径。

于是，我决定将自己在演讲道路上的所见、所学、所感、所悟凝结成这本书，与每一位热爱演讲、渴望成长的你分享，帮助你提升演讲能力、扩大个人影响力。

无论你是初涉职场的新人，还是经验丰富的管理者；无论你是热衷于公众表达的演讲爱好者，还是需要在特定场合下发表重要演讲的专业人士，我相信这本书都将是你不可或缺的伙伴。

在《赢在演讲》中，我尝试从8个维度剖析演讲的奥秘。从内容构建、表达技巧、互动控场、发声要点、专业台风的协调等，力求做到全面而深入。我相信，一场成功的演讲，应当是逻辑清晰与情感充沛的并重，是理性思考与感性表达的和谐统一。拥有了扎实的基本功，才能在更多一对多的商业场合中彰显自己的能力和才华，在这个人人都是超级个体的时代扩大个人影响力。

《赢在演讲》是我多年演讲实践与思考的总结，是我与无数演讲者心灵对话的记录，更是我对演讲艺术深刻理解的表达。在撰写这本书的过程中，我试图跨越理论与实践的鸿沟，将那些看似高深的演讲技巧融入生动的故事与实用的案例中，让读者在轻松愉快的阅读中，不知不觉间掌握演讲的精髓。

我也引入了众多杰出演讲者的经典案例，从他们的成功案例中汲取灵感，力求为读者呈现一个全面、立体、真实的演讲世界。

我相信，每一次的演讲都是一次自我成长的机会，它让我们更加清晰地认识自己，更加勇敢地面对挑战。同时，我也希望通过这本书，能够激发更多人对演讲的热爱与追求，让更多的人在演讲的舞台上绽放属于自己的光彩。

最后，我衷心祝愿每一位读者都能在《赢在演讲》的陪伴下，每一次演讲都能成为一次心灵的触动、一次智慧的碰撞、一次影响力的展现。

CONTENTS 目录

## 第三章

## 五招互动全场，让你营造热烈氛围



## 第四章

## 三种控场方法，让你在现场临危不乱

## 第五章

## 三个发声要点，让你做到先声夺人



## 第六章

## 三步打造专业台风，让你上台充满自信

## 第七章

## 六个商业场合，让你说服观众立刻行动



## 第八章

## 四个维度经营个人品牌，让你拥有影响力

# 第一章

# 三步构建演讲逻辑，让你的演讲有理有据

## 第一节

# 开场万能两步法，让你开口就赢

演讲是你精心编排的一场戏剧，每一幕都环环相扣，至关重要。

这场戏剧，在开场前基本属于一片混乱，比如观众找位置、接电话、讨论剧情、交头接耳，甚至一片喧哗。但是，当场灯关闭，全场观众会不约而同地立刻安静下来，将所有的注意力投入舞台，这个现象叫“观众寂静期”，这几乎是唯一可以吸引全体观众注意力的时段。

毫无疑问，演讲中也存在“观众寂静期”。对于观众来说，一旦演讲开始，就意味着自己失去了随意发言和来回走动等权利，《动机心理学》一书中强调：当人选择权被剥夺时，内心就会形成一种排斥。就像你排队的时候，遇到加塞的人会愤怒；相反，你刷短视频的时候，可以随意选择停留或跳过，就会很愉悦，因为前者没有选择权，后者可以自由选择。

演讲开场，无疑决定了观众是否愿意跟随你的脚步，走进你构建的世界；决定了观众是否对你产生了信任，期待你编排的剧情；决定了观众是否能够和你同频共振，调动强烈的好奇心。

那么一个成功的演讲开场白应该怎么表达呢？跟我一起通过两个步骤构建一个万能开场白，应对各种演讲的场景。

## 一、第一步：引发兴趣，突出主题

兴趣是打开成功之门的钥匙。一个精彩的开场要在瞬间抓住观众的注意力，使其对你的演讲充满期待，消除其对你的“审判”心理，从而对你的演讲主题产生一种强烈的渴望，继续聆听下去。那么如何引发兴趣，快速抓住观众的注意力呢？给大家分享九个常用的技巧。

### 1. 提问引导法

爱因斯坦说：“提出一个问题，远比解决一个问题更重要。”

在演讲中，开场时提出一个问题，远比解决一个问题更重要。因为开场的提问就是把说话的权利赋予观众，让观众快速拥有参与感。那怎么去提问呢？有两种方式，即开放式提问和封闭式提问。

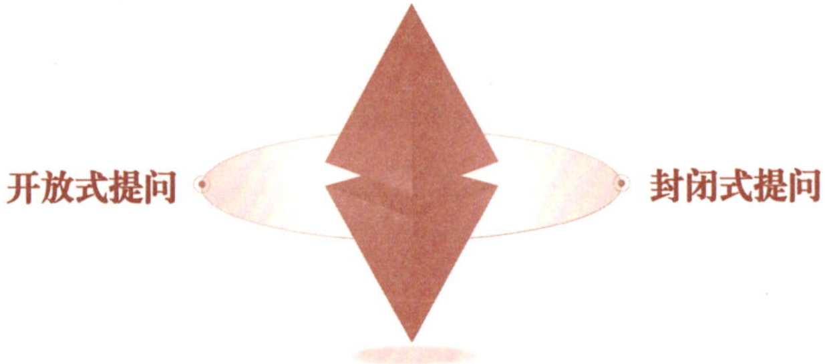


**开放式提问，**不限制回答范围，没有标准答案，鼓励观众自由发挥，有一个通用公式为“6W+1H”。

When（何时）：“进入公司后让你印象最深的是哪个时段？”

Where（何地）：“你在什么环境下工作效率最高？”

Who（何人）：“你认为什么人最容易遇到健康问题？”

What（何事）：“回顾过去一年，最重要的一件事情是什么？”

Why（何故）：“你认为有些企业能够不断创新并取得巨大成功的原因是什么？”

Which（哪个 / 哪些）：“随着人工智能的发展，未来十年我们可能会面临哪些变化？”

How（如何）：“如何有效阅读一本书？”

这七种方式，选择任意一种，都可以在演讲开场围绕主题提出开放式问题，并给予观众表达的选择权，有助于观众畅所欲言，且开放式问题要明确简单，不能故作高深，你的本意是引发观众的兴趣，并不是要观众哑口无言，否则就失去了提问的意义，达不到互动的效果。

同时，作为演讲者必须时刻把控整体节奏，避免观众“侃侃而谈”，让演讲迟迟无法进入主题，打乱演讲结构。

**封闭式提问，**是一种具体的、有限制性的提问方式，这种提问通常用来引导观众的思路，以及获取特定的信息。封闭式问题通常以“想不想”“是不是”“对不对”“好不好”来提出，以带动演讲的节奏。

“大家想不想让自己站在舞台上更有自信？大家想不想让自己面对观众时更有感染力？大家想不想让自己当众表达更有说

服力？”

这样的问题可以让观众不假思索地快速反应并回答，并且建议大家用排比的修辞方式，可以起到推波助澜的作用，现场互动的效果更好。

封闭式提问还有一个升级版本，就是在特定范围内进行选择。通常以“是……还是……”“A、B、C……你选哪一个”的方式提问。

刘润在《进化的力量》一书中用了几个问题开场：“究竟是什么样的企业才能生存，是最强壮的，还是最聪明的？决定企业生死的究竟是运气还是努力？”读者会有自己的选择，而且这是一种封闭性的选择，有极强的参与感。

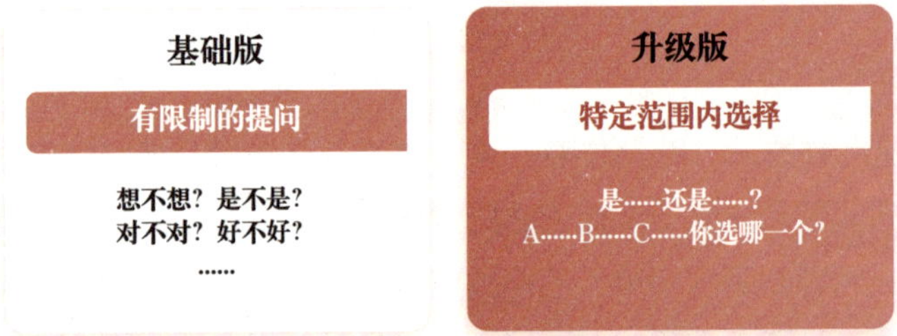


## 2. 数据支撑法

“告诉我事实，我会了解；告诉我真相，我会记住；但给我讲一个数据故事，我会永记于心。”引用真实的数据故事，可以增强演讲的说服力，并引起观众对于主题的重视。

“我曾经获得世界四大极地超级马拉松总冠军，我的双脚曾经跑过北极，跑过南极，甚至跑过全世界最大的热带沙漠，当然也闯过亚马逊丛林。曾经我在 50 摄氏度的高温里，跑了 111 天，穿越了撒哈拉沙漠，缔造了人类新的纪录，那次我穿坏了 11 双鞋，还有更可怕的是，我只洗了 4 次澡，我在最后的 36 小时没有合上眼睛，疯狂地跑向终点，只因我想要回家。”这就是一个饱含数据的故事带给观众的震撼。

同时引用真实的数据，也可以把冗长的语言叙述变得更加具体、明确、直观。“你知道吗？全球每年有超过 200 万人死于医疗错误！这是一个惊人的数字，也是我今天演讲的主题——医疗安全的重要性。”

以上就是数据的魅力，数据可以支持观点，也可以展示趋势、表达效果、解决问题。

### 3. 故事案例法

真正的演讲高手都会讲故事！开场讲述一个生动的故事，可以让观众对故事的发展和人物的命运产生关注和好奇，因为没有人会拒绝一个精彩的故事。

“我经常跟我的学生讲：你最宝贵的不是你的车子，也不是你的房子，更不是你的票子，而是你宝贵的人生经历，你宝贵的人生故事。”

“5 月 24 日《新民晚报》刊载了这样一个故事：一个四年级的小学生，每天要带父母亲手剥光了蛋壳的鸡蛋到学校吃。有一次，父母忘了给鸡蛋剥壳，差点憋坏了孩子，他对着鸡蛋左看右看，不知如何下口，只好原蛋带回。母亲问他怎么不吃，他说没有缝怎么吃！所以我演讲的主题是救救孩子。”

开场讲故事的方法，可以让演讲更加生动有趣，让观众产生共鸣，并能更好地传达演讲的主题和信息，讲案例也是如此。

可以讲哪些故事呢？自己的故事、名人的故事、身边人的故事、预言哲理故事等。

可以讲哪些案例呢？工作案例、热点案例、新闻案例、行业案例等。

同时也要注意，演讲开场讲故事一般要比较简洁，且与主题息息相关，不能因用时过长而影响演讲节奏，也不能为了开场而开场，讲不相关的故事。

#### 4. 引经据典法

引用名言、诗句、金句、格言、谚语等，其本身具备文化底蕴和艺术性，同时也有丰富的情感，并深受人们的喜爱，可以增加演讲的权威性和说服力。

董卿和撒贝宁的开场白，一直被称为神级开场，他们只要一开口就是盛世中华。

关于磨难，董卿是这样开场的："我怕我配不上自己所受的苦难。"我想她这句话的含义是：即便我们处于最恶劣的境遇，我们依然有着不可剥夺的精神自由，可以选择有尊严的方式面对痛苦。

关于人生，撒贝宁是这样开场的："人生如一场修行，得意时，一日看尽长安花；艰难时，潦倒新停浊酒杯。但生命的跋涉不能回头，哪怕畏途巉岩不可攀，也要会当凌绝顶；哪怕无人会登临意，也要猛志固常在。我们从经典中，汲取九万里风鹏正举的力量，历练也无风雨也无晴的豁然，待到重阳日，我们还来就菊花。"

#### 5. 承诺开场法

承诺开场是一种开门见山的开场方式，一开始就告诉观众今天这场演讲的意义或者可以收获的价值。比如："我保证大家听完接下来 30 分钟的分享，会颠覆你对保险行业的所有认知！"这种斩钉截铁的表达，会立刻吸引观众的注意力，让观众对演讲内容产生兴趣。

美国前总统奥巴马在他的就职演讲中使用了类似的承诺开场的方式，他说："我站在这里，对我们的未来充满了信心。我承诺，我将全力以赴，为我们的未来而努力。我承诺，我将倾听每一个人的声音，关注每一个人的需求。我承诺，我将尽我所能，让我们的未来更加美好。”

这个开场，表达了奥巴马对未来的期望和承诺，强调了他将为观众的利益而努力。这种承诺开场的方式可以让观众感受到演讲者的决心和信心，增强演讲的可信度和说服力。所以使用承诺开场的方式，要注意语言简洁有力，真诚且自信。

### 6. 制造悬念法

为什么剧本中一定要有悬念？因为悬念可以使故事情节更加精彩，更能吸引观众，没有悬念的故事就像白开水一样平淡无味。

同样，演讲开场我们也可以通过一些方法制造悬念，快速抓住观众的注意力，进而增强演讲的影响力。那怎么吊足观众“胃口”呢？可以从以下几个方面切入：

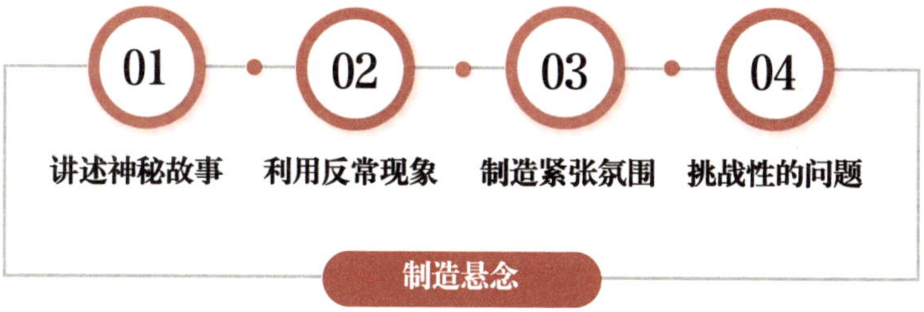


**讲述神秘故事：**“你们听过‘狗说人话’的趣事吗？我昨晚就遇到了这样一只狗，它还告诉我一个职场成功的秘密呢！”

**利用反常现象：**“你们知道吗？根据最新的研究，经常锻炼的人比那些不锻炼的人更容易患上心脏病。这听起来很反常，但是这正是今天我要和大家探讨的话题。”

**制造紧张氛围：**“如果你的工作被 AI 取代了，你将如何生存？

如果 AI 在各个领域都取代了人类，而人类又将何去何从？”

**挑战性的问题：**“你们是否认为所有的创业公司都必须追求快速盈利？如果真是这样，那么亚马逊可就麻烦了。”

### 7. 幽默破冰法

生活中，我们都喜欢幽默的人，在危急时刻，在可能尴尬的窘境，我们更需要幽默来化解，在心理学上也叫“幽默效应”。

王尔德也说过：“这个世界上好看的脸蛋太多，有趣的灵魂太少。”所以，有趣的人、幽默的人天生讨人喜欢，在演讲的开场，如果增加幽默的表达，会让现场的氛围非常融洽和谐，获得观众天然的好感。

在一次科学研讨会上，大物理学家爱因斯坦作为与会代表，要对电磁物理学的研究进行大约一个小时的发言。当他上台，刚要开口发言时，他发现在座的观众个个都神情严肃，这让他突然感到有点紧张。但是他没有将这份紧张表现出来，而是装模作样地调整了一下话筒，然后微笑着说：“众所周知，一直以来，我对权威都是极度轻蔑的，所以我得到了命运对我的惩罚，成了某方面的权威。今天站在众人面前做这次报告，真是惭愧至极啊！看在上帝的份上，请大家不要取笑我今天笨拙的发言。”

大家万万没有想到，堂堂一个物理学家竟然如此幽默。参加研讨会的专家们都被爱因斯坦逗得合不拢嘴，自然会场上的紧张气氛就得到了有效缓解。

这种方式就是自嘲式，通过自嘲拉近与观众的距离，此外，我们还可以用讲段子的方式。

俞敏洪就是讲段子的高手，一次演讲中他是这么说的：“没必要因为失恋而了断自己，那是很可悲的事，我是一个热爱生命的人，连蚂蚁都不敢踩，我要是踩死一只公蚂蚁，你想那只母蚂蚁要怎么办呢？所以我一般不吃鱼，吃就吃两条！”

所以不管是自嘲还是讲段子，如果可以让观众在爆笑后迅速集中注意力听你接下来的演讲，也就达到了幽默开场的效果。

### 8. 想象开场法

想象的力量非常大，它可以充分调动观众思考，让观众身临其境。“如果时间可以倒流，请大家想一下，十年前有没有什么是你想做却没有去做的呢？”这可以快速把观众拉回到十年前，观众在回想的时候，其实已经参与到了你的演讲之中。

例如，“这是一个寒冷的冬天，大雪纷飞，路上几乎没有行人。一个小女孩穿着厚厚的棉袄，戴着帽子和手套，踏着雪慢慢地走着。她的脚步虽然显得有些沉重，但是她的眼神却充满着坚定和期待。那么，这个小女孩是谁？她要去哪里？她又有着怎样的故事呢？”这是通过描述一个情境让大家去想象画面，也可以吸引观众。

除此之外，想象开场还可以描述未来场景、描述历史场景、描述问题场景、描述一幅画作、描述一个物体等，都可以让观众跟着你的描述进入演讲的世界。

### 9. 视觉冲击法

利用图像、视频、道具来开场，可以起到展示的作用。物体永远比语言更有说服力，也会给观众更多的冲击力。

在一次演讲中，比尔·盖茨拿着一个玻璃罐上台了，里面装的都是蚊子，然后他淡定地开始演讲：“疟疾是通过蚊子传播的，我带了一些过来，让它们在这里飞一下。没有理由只让穷人被传染。”大家马上不淡定了，非常恐慌，1 分钟后，比尔·盖茨才告诉大家，他放出来的蚊子是不带病毒的。展示故事里的物件，可以让现场的体验感达到极致。

所以，在使用视觉冲击法时，要求演讲者为演讲做好充足的准备，不管是图像还是视频，抑或道具都要能够切实吻合演讲主题，并具有冲击力，因为不痛不痒的展示无法带动大家的情绪、引起大家的重视，反而是一种累赘。

**九种引发兴趣的方法**

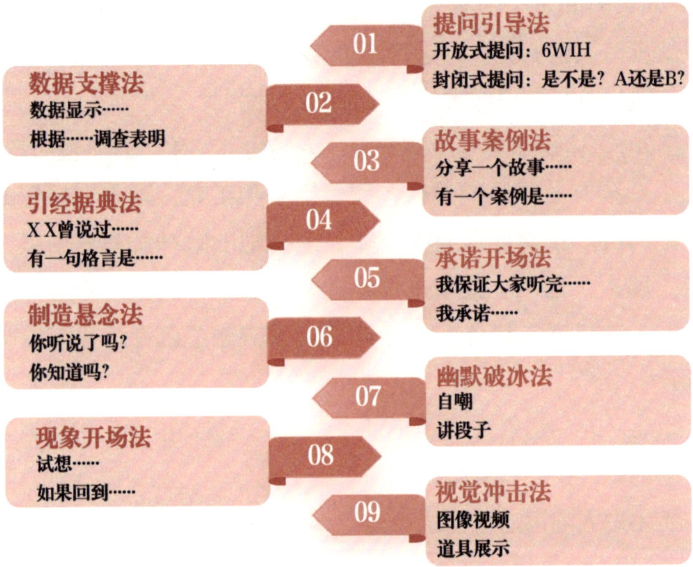


## 二、第二步：规划路线，交代要点

在开场中我们已经充分吸引了观众，并引出了演讲的主题，接下来就是介绍演讲的要点，因为你是这场演讲之旅的“导游”，为了让你的游客对今天的旅程有一个初步了解，更加有安全感，你需要告诉他们今天去哪几个景点，交代此次“演讲之旅”的路线，也是介绍你此次演讲的要点。

在交代要点时可以用“三要点逻辑法”,“三”是个神奇的数字，心理学研究证明，人在记忆时，最容易记住的就是前三点；老子的《道德经》说：“一生二、二生三、三生万物”。所以“三”最容易突出重点，也最容易被记住，也最具备稳定性。无论你围绕主题讲多少内容，都建议你归纳成三点，从三个维度去阐明主题。

“三要点逻辑法”最基础的理解就是“第一点、第二点、第三点”，也叫“数字归纳式”，对演讲进行分点归纳，简洁清晰地交代演讲的三个要点。

举例：“今天的演讲将分为三个部分。

第一部分：探讨工作压力产生的原因；

第二部分：剖析工作压力带来的影响；

第三部分：分享应对压力的实用技巧。”

除此之外，我们将“三要点逻辑法”的使用进行一个升级，同样是三个要点，但是不用数字的方法归纳。

### 1. 时空人物式

通过时间顺序、空间顺序，或者人物对象的方式来整理演讲的思路，同样是三个要点，让演讲逻辑线更加清晰。

时间顺序：“过去、现在、未来”“初期、中期、后期”。

空间顺序：“上、中、下”“广州、上海、北京”。

人物顺序：“领导、员工、客户”“老师、家长、孩子”。

举例：“今天的演讲将从三个方面分享。
过去健康管理观念的转变；
现在保持健康生活的策略；
未来科技与健康融合的趋势。”

### 2. WWH 式

通过“是什么（What）、为什么（Why）、怎么办（How）”三个角度来交代要点，是一种经典的结构表达方式，可以有效地说明一个主题。

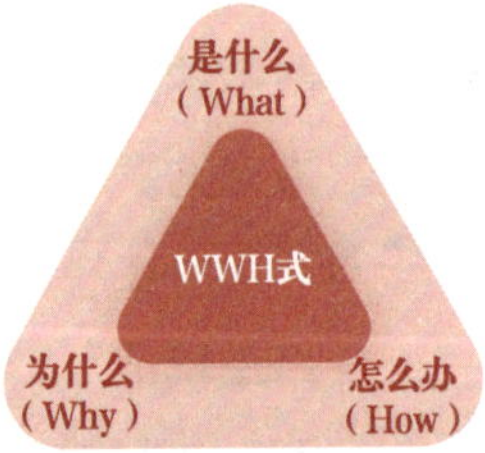


举例：“在今天的演讲中，我将重点从三个方面分享工作压力。
什么是工作压力？
为什么会产生工作压力？
如何应对工作压力？”

### 3. 关键词提取式

把演讲进行三个维度的分类，通过提取不同维度的核心思想，提取关键词。

比如提取为“恐惧、委屈、攀比”“使命、愿景、价值观”等。

举例：“今天我将从三个方面分享公司盈利的主要因素。

市场环境：市场环境对公司盈利产生的直接或间接影响；

收入来源：公司通过销售产品和提供服务带来的收入；

成本结构：通过成本结构评估公司的盈利能力。”

### 4. 同字提炼式

同字提炼是在关键词提取上的又一升级，为了我们的表述更加协调统一，同时给观众一种高度精练的感觉，在提取关键词的时候，可以“同字”提取。即三个关键词中，有一个字在相同位置上。

比如：“自信、自燃、自立”“决策力、沟通力、领导力”。

举例：有一次一个企业家分享，在工作中作为一个创始人重要的品质是什么？

他是这么说的："作为一个创始人，重要的品质有三个。

高效率：创业者应具备高效管理时间和资源的能力，能够迅速做出决策并有效执行计划；

高能量：创业者应保持精力旺盛，专注且耐心，面对困难能够坚持前行；

高维度：创业者应具备超越自身局限的能力，能看到更多的机会和可能性，把握市场趋势，与不同领域的人合作，从更高维度看待世界。"

听完这段话，大家都不自觉地被他强大的逻辑以及严谨的表述所折服。

以上就是交代观点的"三要点逻辑"使用方法。

所以，在开场中，我们通过引发兴趣的方式，突出演讲的主题，来吸引观众的注意力；并规划了路线，告知观众接下来演讲的要点。那么展开要点对演讲有什么作用呢？又有什么方法可以具体展开要点？请大家看下一节内容。

## 玉米给你列清单

List

**第一步：引发兴趣，突出主题**

1.提问引导法
2.数据支撑法
3.故事案例法
4.引经据典法
5.承诺开场法
6.制造悬念法
7.幽默破冰法
8.想象开场法
9.视觉冲击法

and

**第二步：规划路线，交代要点**

1.时空人物式
2.WWH 式
3.关键词提取式
4.同字提炼式

## 第二节

# 中场展开三要点，让内容告别“流水账”

你在开场吹过的牛，都要在中场来兑现。开场时费尽心思抓住观众的注意力，就是为了吸引观众听你继续讲下去，听你对这个主题的见解，而且你也规划好了接下来将从哪几个方面去展开说明（上一节建议大家用“三要点逻辑法”）。在演讲的中场展开三要点，去证明你的观点才是演讲的核心，才能更全面地说明你的思想，去说服观众、影响观众。

比如你正在准备一个产品发布会的演讲，提炼了这个新产品的三个核心卖点。你只会说它“高科技、高环保、高性能”，就是不展开说明，或者在展开这三个要点的时候，明明脑海里有万千思绪，但就像“流水账”一样，毫无记忆点；明明说的都是事实，但就像老太太的裹脚布一样又臭又长，毫无逻辑性；明明自己讲的“感天动地”，但就像白开水一样，毫无感染力……

那有什么方法可以在演讲中场的部分，具体展开要点呢？

分享五种方法，帮助大家从不同的维度，找到适合这个要点的方法展开演讲，让演讲更令人印象深刻、更有逻辑性、更有感染力，并说服观众接受你的观点。

## 一、故事法

说起爱情，你会想到“梁祝化蝶”“牛郎织女”“孔雀东南飞”的故事；

说起杭州，你会想到“断桥残雪”“虎跑梦泉”“许仙白娘子”的故事；

说起钻石，你会想到“钻石恒久远，一颗永流传”“一生只能定制一枚”的故事；

故事不仅生动且让观众记忆深刻，同时具有极强的传播力。

### 1. 可以讲哪些故事

**名人的故事，**名人的奋斗历程和成功经验，加上名人的个人影响力，可以为演讲增加吸引力和权威性，而具有代表性的名人会让你的内容更加有可信度。

比如你讲奋斗，可以讲 14 岁的全红婵“金蝉终脱壳，一跳惊天下”的夺冠故事；

比如你讲感动，可以讲大山里张桂梅“我生来就是高山而非溪流”的“燃灯”故事；

比如你讲自强，可以讲轮椅上史铁生“世界以痛吻我，我却报之以歌”的励志故事。

**身边人的故事，**身边人的故事可以增加演讲的生动性，让故事更接地气、更真实，有利于触发观众的同理心。

比如你讲父爱，可以像朱自清一样讲在车站送别的那个蹒跚背影；

比如你讲感动，可以讲新冠疫情期间那些身穿防护服的“逆行英雄”；

比如你讲岁月，可以讲爷爷奶奶两鬓泛白的银发。

**自己的故事，**分享自己的经历、感受和思考，让观众更容易产生共鸣，感受到你的真诚和亲切。

比如你讲成长，可以讲自己深夜痛哭、鲜衣少年、跌倒爬起的经历；

比如你讲爱情，可以讲自己情窦初开、勇敢热烈、不愿将就的情感；

比如你讲人生，可以讲自己斗志昂扬、忧郁迷茫、笃定前行的故事。

真实的故事更具有感染力和说服力，当然除了以上我们经常会讲的这三类故事，我们也可以讲新闻佚事、寓言故事、神话传说等。

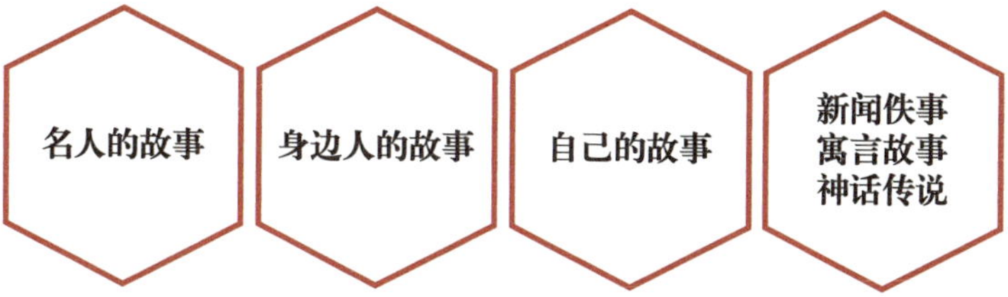


### 2. 如何讲好一个故事

SCORE 模型可以完整地将一个故事阐述清楚且生动形象。

**S（Situation，背景）：**故事是在什么情况下发生的？何时何地何人何事何故，交代故事的基本信息。

**C（Confliction，冲突）：**遇到了哪些棘手的问题和阻碍？有什么威胁你达成目标？

**O（Option，选择）：**为了完成目标，你做了哪些事情？怎么努力的？放弃了什么？失去了什么？

**R（Result，结果）：**最终结果怎样？

**E（Evaluation，反思）：**有什么经验和教训？

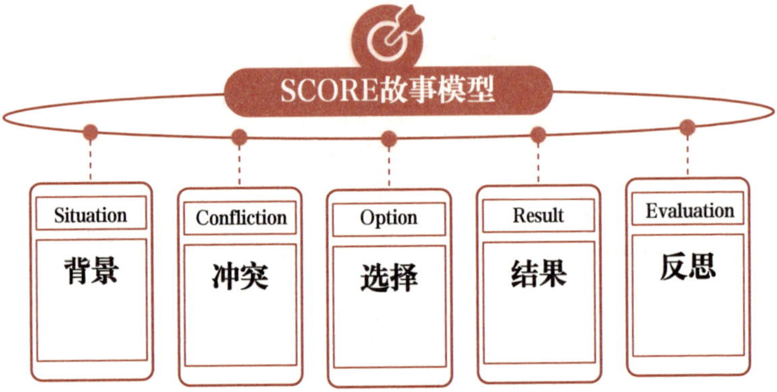


我们用足球运动员梅西的故事来拆解这个模型。

背景（S）：梅西，出生在一个普通的工人家庭，小时候就展现了对足球的非凡天赋。然而，命运却给了他一个巨大的考验——他患有生长激素缺乏症，这对于一个梦想成为足球运动员的孩子来说，无疑是致命的打击。

冲突（C）：梅西的家庭并不富裕，无法承担他昂贵的治疗费用。然而，这并没有让他放弃对足球的热爱和追求。他坚持训练，尽管身体条件并不完美，但他凭借出色的技巧和毅力，在球场上一次次证明自己。但是，等待他的还有更多问题，比如治疗问题，他的职业生涯一度面临巨大的危机。

选择（O）：在关键时刻，梅西选择了坚持。他凭借自己的努力和才华，吸引了巴塞罗那足球俱乐部的注意。俱乐部不仅为他提供了治疗费用，还给了他一个展示自己的舞台。在巴塞罗那，梅西迎来了自己职业生涯的巅峰。他凭借出色的表现，赢得了无数荣誉，成为足球界的传奇人物。

结果（R）：他得到了全世界的认可，赢得了多个金球奖，赢得了世界杯冠军，成为足球历史上最伟大的球员之一。

反思（E）：梅西的故事告诉我们，无论面对多大的困难和挑战，只要我们有梦想、有毅力、有才华，就一定能够战胜一切。他的成功并非偶然，而是他多年坚持和努力的结果。同时，他也教会我们，面对困境时要勇敢地去选择、去坚持、去拼搏，这样我们才能迎来属于自己的辉煌时刻。

用 SCORE 模型几乎可以让任意一个故事完整且生动，有利于展开演讲的要点，证明演讲者的观点。

## 二、数据法

用数据说话，让事实成为你最有力的武器。数据本身是一种客观的、可量化的信息，不仅能提供客观的证明，更能引发观众的共鸣和思考。可以用哪些数据？

### 1. 现场调查的数据

假设你是一位市场营销专家，正在给一群企业家讲解市场调研的重要性，你可以进行一次现场调查来收集观众的观点和数据，并将这些数据直接用于你的演讲。

“各位企业家朋友们，我相信大家都深知市场调研对于制定营销策略的重要性。但是，我们是否真的了解目标客户的需求和偏好呢？为了回答这个问题，我们一起来进行一次简单的现场调查。

请大家拿出手机，扫描屏幕上的二维码，进入一个小型问卷调查。问卷只有几个问题，是关于大家对自己产品目标市场的看法和一些消费趋势的预测。请放心，这些数据仅用于本次演讲，不会用于其他任何用途。

（等待几分钟，让观众完成问卷）

好的，看来大家都已经完成了问卷。现在，让我们来看看这些实时收集的数据。

根据现场调查的结果，超过 80% 的观众认为自己的产品目标市场主要集中在年轻人群体。同时，有 60% 的观众预测未来一年内，绿色环保将成为消费的一大热点。这些数据非常有趣，它们不仅反映了我们对当前市场的认知，也为我们指明了未来的方向。

基于这些实时数据，我们可以得出一些初步的结论。首先，年轻人市场确实是我们不能忽视的重要领域。其次，随着环保意识的提高，我们或许需要在产品设计和营销策略中更多地融入绿色元素。

通过这次现场调查，我希望大家能够意识到，市场调研不仅仅是一项工作，更是一种与市场保持紧密联系的方式。只有真正了解我们的客户，我们才能制定出更加精准和有效的营销策略。"

在这个例子中，演讲者通过现场调查的方式，实时收集了观众的观点和数据，并将这些数据直接用于演讲中。这不仅增强了演讲的互动性，还使得演讲内容更加贴近观众的实际需求，进而证明了演讲要点。

### 2. 持续变化的数据

一位环境保护领域的专家在谈论全球气候变化的问题时，可以使用持续变化的气候数据来支持其观点。比如，通过现场连接到一个在线数据源，展示全球气温上升、海平面升高、极端天气事件频率增加等数据的实时更新情况。演讲者一边解释这些数据背后的科学原理，一边引导观众观察数据的变化趋势，从而让他们深刻感受到气候变化问题的紧迫性和重要性。

使用持续变化的数据进行演讲，能够让观众更加直观地了解问题的现状和发展趋势，从而增强演讲的说服力和影响力。同时，这也要求演讲者具备对数据的深入理解和分析能力，以便能够准确地解读数据背后的信息，并将其转化为有价值的观点和见解。

### 3. 展示效果的数据

假设你是一位专注于可持续发展领域的演讲者，正在发表一场关于减少碳排放和采用可再生能源的演讲。

首先，你可以展示一个全球可再生能源装机容量的柱状图或折线图。这些数据可以显示不同年份可再生能源装机容量的增长趋势。通过这些动态数据，观众可以直观地看到可再生能源在全球范围内的快速发展和普及。

其次，你也可以展示一个关于可再生能源与传统能源排放对比的饼图或条形图。通过对比不同类型能源在碳排放量、空气污染物排放等方面的数据，演讲者能够清晰地揭示可再生能源在减少环境污染方面的优势。

这样的演讲方式既具有说服力又富有吸引力，有助于促进观众对演讲内容的理解和认同。

### 4. 案例解析的数据

假设演讲主题是数字化转型对企业的影响。例如："根据最新统计数据，全球超过 80% 的企业已经开始了数字化转型的旅程，而成功实施数字化转型的企业，其营收增长率平均提高了 30%。，比如 × × 企业通过应用新技术、优化业务流程、改善客户体验等方式，实现华丽转型。"

作为演讲者可以展示该企业在转型前后的数据对比，如销售额、客户满意度、员工效率等方面的变化，以此来证明数字化转型的积极影响。

### 5. 明文规定的数据

这些数据可能来自权威的政府报告、行业规范、研究文献等，它们为演讲提供了有力的支撑和证明。

假设演讲主题是全球气候变化及其影响。例如："根据UNFCCC的最新报告，全球平均气温在过去的一个世纪里已经上升了约1摄氏度，而过去几十年的升温速度更是前所未有。WMO的数据显示，极地地区的海冰面积正在以惊人的速度减少，这导致了极地生物的栖息地受到威胁，同时也加剧了全球海平面的上升。为了实现《巴黎协定》中的温升控制目标，IEA建议我们必须在未来几十年内大幅提高可再生能源的占比。这不仅是一个环境问题，也是一个经济和社会发展的机遇。"

通过使用这些明文规定的数据，演讲者能够为观众提供一个清晰、准确且权威的视角，使他们更加深入地了解气候变化的严重性及其影响。同时，这也能够增强演讲的说服力和可信度，使观众更容易接受和认同演讲者的观点。

### 6. 拆解增减的数据

递增数据拆解：电影《私人订制》里，宋丹丹想体验一把富人的感觉。

葛优跟她说："你有100亿。"宋丹丹瞪大眼睛问："这是多少啊？"葛优从兜里掏出10000元说："这是10000，数数啊，璐给掐表。"然后宋丹丹飞快地开始数钱，直到数完用了1分钟。宋丹丹说："我1分钟数10000，10分钟数10万，1小时有60分钟，能数60万。1天有24个小时，1天能数1440万。"璐说："1000天就是144亿，也就是说100亿得数小3年。"宋丹丹说："合着我这小3年，从早到晚不吃不喝不睡，光在那儿数钱了。"

递减数据拆解：制定销售业绩的时候来拆分业绩，让团队更有信心完成业绩。比如一个月的业绩指标是100万元，团队有5人，平均每人是20万元。客单价是2万元，就是10单，一个月有30天，平均3天成交一个。这样是不是觉得完成目标也不那么难了呢？

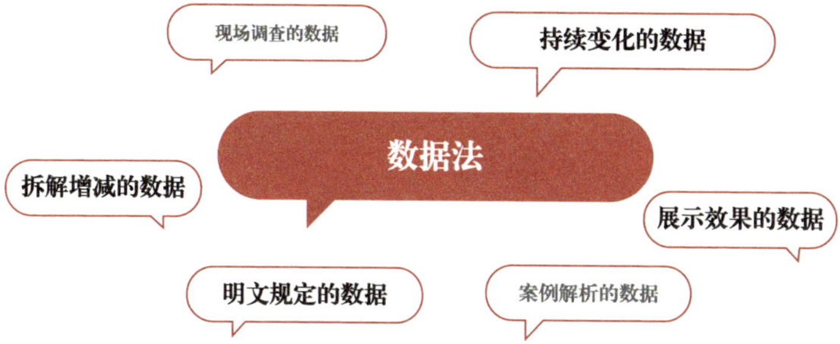


## 三、引用法

引用法相信大家都不陌生，我们最常用的就是引用名人名言、金句等，让自己的演讲升华，并增加演讲内容的权威性和说服力。其实除了名人名言，我们还可以引用某领域专家论著、书籍、电影、文章等，以及可以引用媒介，如音频视频、图标、PPT 等。

如何引用呢？从演讲逻辑的完整性来说，我们可以分为三个步骤，分别是：引用出处、内容详情、关联主题。

马云在一次创新和创业的演讲中是这样表述的："著名科学家爱因斯坦说过：想象力比知识更为重要，因为知识是有限的，而想象力概括着世界的一切，推动着进步，并且是知识进化的源泉。在快速变化的时代，仅仅依靠已有的知识是不够的，更需要的是能够超越现有框架、敢于想象和尝试新事物的能力。这种能力不仅能够帮助我们发现问题，还能推动我们找到解决问题的新方法。"

马云在引用时也会说明引用的出处，以及关联到自己对于创新创业的观点，这就是一个完整的引用结构。

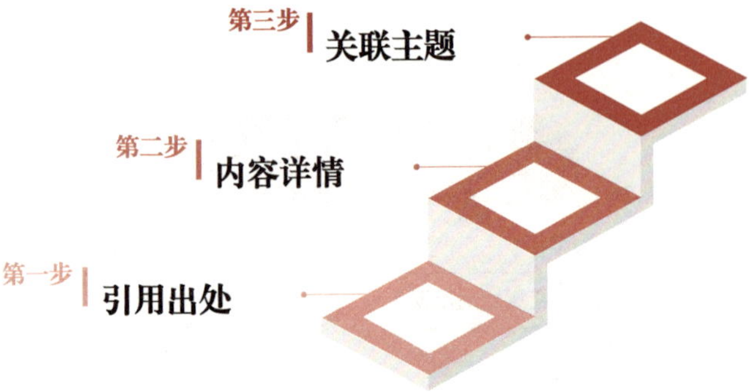


## 四、体验法

美国柏克莱大学心理学教授阿尔伯特·麦拉宾（Albert Mehrabian）的研究指出，在人际交往和演讲中，人们对一个人的印象和信息的接收，只有 7% 来自纯粹的语言内容，而有 38% 来自说话的语音语调，剩下高达 55% 的信息则来自外形与肢体语言，也就是我们常说的 7/38/55 原则。

那么在演讲中，我们想论证这一观点，可以用体验法来让观众切身体验这个原则的重要性和准确性。体验法可以是：实物展示、现场互动、游戏体验。

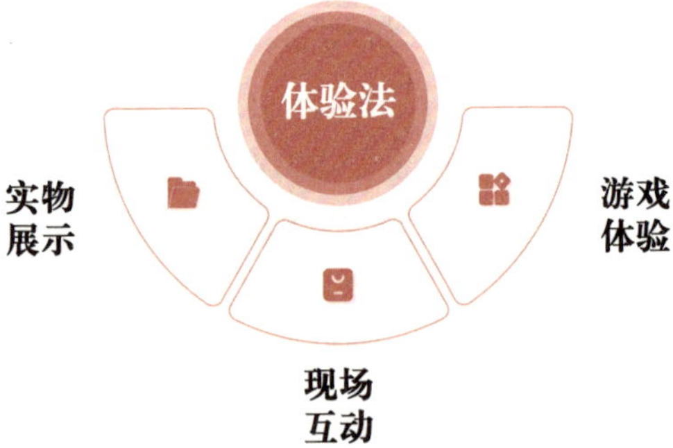


以游戏体验为例：正在看这段内容的你，我们一起做一个跨时

空的游戏体验，你跟随我的指引亲自完成这个游戏，自己也会对7/38/55 原则有深刻的体会。

请随手拿起一段有感情的段落，甚至你可以直接用上面我们讲的梅西的故事。分别用有感情的朗读，有感情的大声朗读，有感情的朗读同时加上肢体动作和情绪爆发，感受这三种方式带给你的感觉和记忆点。

体验完后，自己对 7/38/55 原则是不是体验更深刻了呢。同样地，在演讲中，用游戏的方式，让观众参与进来，切身体会你想表达的观点，效果非常好。

体验法在演讲中要进行一个详细的体验说明，让观众在知悉规则的前提下，参与到体验中，在完成体验后，关联回演讲者想要论证的主题或观点中。

## 五、拆字法

除了以上四种方法，还有一种很有意思的方法——拆字法。使用拆字法来表达观点，这种表达方式既富有创意，又能够深入浅出地阐述观点，给人留下深刻的印象。

“舒”字由“舍”和“予”组成，“舍”是布施、舍弃、放下；“予”是给予、付出。这个字告诉我们人要想活得舒服，就要学会“舍”和“予”。

易中天在解读三国历史时，对“魏”字进行了精彩的拆解，这一过程不仅展示了他深厚的历史底蕴，也为我们提供了一种新颖而有趣的历史解读方式。易中天首先指出，“魏”字左边是一个“委”字，右边是一个“鬼”字。

他将“委”字与曹操的生平经历联系起来。“委”字象征着曹操的委曲求全和忍辱负重。曹操在三国纷争的初期，面对强大的袁绍等势力，不得不采取一系列妥协和退让的策略，以求在乱世中立足。这种委曲求全的精神，正是“委”字所蕴含的意义。

“鬼”字与曹操的聪明才智和狡猾多变联系起来。他指出，曹操是一个极具智慧和谋略的人物，其善于运用各种手段来达成自己的目的。这种聪明才智和狡猾多变，使曹操在三国历史上留下了深刻的印记。同时，“鬼”字也暗含了曹操在政治斗争中的复杂性和不确定性，使得人们对曹操的评价充满了争议和分歧。

通过这样一番拆解，不仅让我们对“魏”字有了全新的认识，也让我们对曹操这个历史人物有了更加深入的了解。他的这种拆字法不仅富有创意和趣味性，也让我们在欣赏历史文化的同时，感受到了历史的厚重和复杂。

**我们该如何拆字呢？有四个步骤，分别是选字、拆字、解字、关联主题。**

如：演讲主题为“团队合作的力量”。

“大家好，今天我想和大家聊一聊团队的力量。我们都知道，团队是由一群有着共同目标和愿景的人组成的。

**（选字）**

那么，‘团队’二字究竟蕴含着怎样的意义呢？

**（拆字）**

‘团’这个字，由‘口’和‘才’组成，‘队’这个字，由‘耳’

和‘人’组成。

（解字）

‘口’和‘才’告诉我们，一个优秀的团队需要每个成员都能够勇于表达自己的观点和想法，敢于说出自己的‘口’才。只有这样，团队才能汇聚众人的智慧，形成强大的力量。

‘耳’和‘人’告诉我们，团队中的每个成员都需要学会倾听他人的意见和建议，尊重他人的‘耳’朵。只有这样，我们才能建立起相互信任、相互支持的团队关系，共同迈向成功。

（关联主题）

所以，当我们把‘团’和‘队’这两个字结合起来，就形成了一个完整的‘团队’。在这个团队中，我们既有敢于表达自己的‘口才’，又有善于倾听他人的‘耳朵’。这样的团队合作，才能发挥出最大的力量，克服一切困难，实现我们的共同目标。”

这种拆字法的演讲方式既富有创意，又能够激发观众的思考和共鸣，且可以证明演讲的要点。

以上就是在演讲中场给大家分享的五种常用的展开要点的方法，每一种方法都有不同的效果，最重要的还是用最适合解读你观点的方法，我们演讲中场内容的饱满度就指日可待了。

## 玉米给你列清单
List

**故事法**
**数据法**
**引用法**
**体验法**
**拆字法**

## 第三节

# 尾场动人四大类，让演讲意犹未尽

拿破仑说“最后五分钟决定兵家成败”，在演讲这场“战争”中，最后的结尾也同样重要，因为“编筐之篓，重在收口”。我们要学会在结尾完美收口，制造演讲的峰极体验，才能让观众对此次演讲意犹未尽；同时一个好的结尾还可以激发观众立即行动，可千万别让你的演讲在最后一分钟里变成“烂尾楼”。

怎么打造演讲中一个好的结尾呢？分享能够打动人心的四大类尾场方式。

### 一、总结类

总结类的结尾能够帮助演讲者保持演讲的完整性，同时还可以帮助演讲者传达重点，这样的演讲更能赢得观众的尊重和信任。

总结类的结尾方法分别是“归纳总结法”“首尾呼应法”“个人承诺法”。

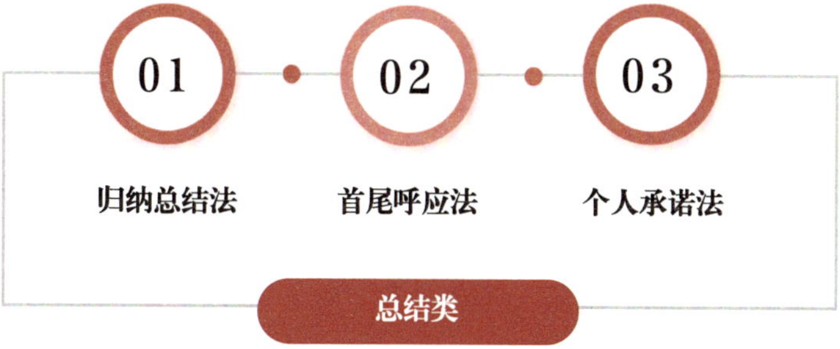


### 1. 归纳总结法

这种结尾简明扼要，可以对全篇进行总结，即使没有听到演讲所有的内容，或者遗忘了部分演讲内容，也完全能够通过总结了解演讲者大致的演讲内容。因为演讲者通过收尾的归纳总结，把全篇重点做了重复，依旧可以用“三点式”进行总结。

举例：“关于沟通力，今天主要分享了三个部分。第一，沟通力是建立良好关系的关键；第二，沟通力是解决冲突和问题的关键；第三，沟通力是个人成长和发展的关键……”

### 2. 首尾呼应法

可以强化演讲的主题和核心信息，呼应开篇，比如重复开头时的金句、故事或者问题等，也可以呼应标题，目的就是提醒观众演讲者从头到尾都在强调的这个重要的观点。很多经典文章也会使用首尾呼应法。《红楼梦》的结尾是：“说到心酸处，荒唐愈可悲。由来同一梦，休笑世人痴！”《背影》的结尾是：“我读到此处，在晶莹的泪光中，又看见那肥胖的、清布棉袍黑布马褂的背影。唉！我不知何时再能与他相见！”这都采用的是首尾呼应的方法。

### 3. 个人承诺法

在 TED 舞台上比尔·斯通的演讲主题是人类返回月球的可能性。他说：“最后我想在这里，在 TED 演讲的舞台上，向大家郑重承诺，我要领先开创这趟空间探险之旅。”结尾直接承诺，让观众对这个演讲更加深信不疑。

举例：“最后，我想以一个承诺作为结尾：我会努力成为一个有价值的人，一个有责任感、有担当的人。我会以自己的行动去证明自己的价值，去实现自己的梦想和追求。我相信相信的力量，相信自己的意义，我们一定能够创造出属于自己的美好未来。”这也是用个人承诺的方法。

当众承诺其实是需要勇气和内在力量的，通过承诺展示你的决心，而不是成为一个“语言上的巨人，行为上的矮子”。同时在结尾承诺还可以进一步强化演讲的核心观点，更有说服力和影响力。

## 二、点睛类

画龙点睛式结尾可以给演讲增加亮点，提升演讲品质，使演讲更加生动有力，给观众留下深刻印象。这类结尾通常有“金句名言法”“故事点睛法”“呼吁号召法”三种方法。

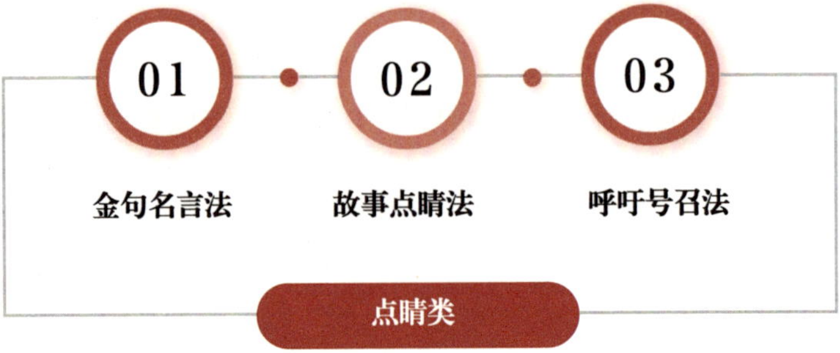

### 1. 金句名言法

马云的演讲被很多人膜拜。他的演讲有一个非常重要的技巧就是金句结尾法。“今天很残酷，明天更残酷，后天很美好。但绝大部分人，死在明天晚上。”然后，马云大跨步走下台，观众当场就怔住了。赶紧鼓掌，记下来。这就起到了醍醐灌顶的作用。

人们普遍会认可名人名言和盛传的金句，因为这代表权威的力量，是演讲者给整个演讲论点的强有力的证明，有利于在结尾把演讲推向高潮。

### 2. 故事点睛法

演讲的高手其实都是讲故事的高手。所以，在演讲结尾，同样可以借用一个小故事传递更多的信息，更容易和观众进行交流，也更有影响力，这是一种非常有力的点睛之法。

有这样一个真实的小故事：一个人看到蝴蝶幼虫在茧中痛苦挣扎着，出于好心，就拿剪刀把茧剪开，让幼虫轻易地就从里面爬出来了。但是，这只幼蝶根本飞不起来，而且很快就死了，原来，破茧成蝶是它生命中不可或缺的一部分，是为了让它身体更强壮，翅膀更有力，以适应茧外的环境。一个人不经历必要的磨难，没有压力，人生就不会完整，他也没有能力抵抗未来的风风雨雨。

回顾历史，我们可以看到朝堂之上，孟子警觉世人“生于忧患，死于安乐”；巨鹿之战，项羽破釜沉舟，逼迫将士以一敌百，“百二雄关终属楚”；韩信背水一战，用压力逼迫自己，成就了胜利。所以正确地面对压力，会让我们时时奋进，获得成功。

这就是故事的力量，有时一个不为人知的小故事，或者耳熟能详的老故事，拿出来都会吸引大家，并且能很好地强调主题。

### 3. 呼吁号召法

结尾处呼吁观众行动、号召观众付诸实践等，都是为了强调行动的重要性，让观众有强烈的参与感，也保证了演讲的完整性。

在关于公共耻辱的演讲中，作家乔恩·龙森最后的号召简洁有力："社交媒体所做的最了不起的事情是它赋予失语的人们以声音，但我们现在正在创造一个被监视的社会，在这里，最聪明的生存方式就是回到失语状态，请不要这样做。"

还有一个案例："春华秋实又一载，砥砺奋进续新篇。新的一年我们发展的任务艰巨繁重，我们要把'目标'刻在心上、把'执行'视为铁律、把'担当'作为自觉，拿出逢山开路的冲劲、阔劲和拼劲，不松气、不泄气，憋足一口气，聚焦聚神聚力把各项工作抓实、抓好，力争闯出一片新天地。"

以上都是提出了明确的呼吁，呼吁大家不要做，或者怎么做。同时，我们在呼吁的时候，也要注意方法，可以强调行动的重要性，可以重申行动的步骤和建议，还可以提出行动的紧迫感。

## 三、深思类

引人深思的结尾可以激发观众的思考或者反思，让观众参与进来，也让观众对演讲有更深刻的认识和理解。这类结尾通常有"提出问题法"和"分享启示法"两种方法。

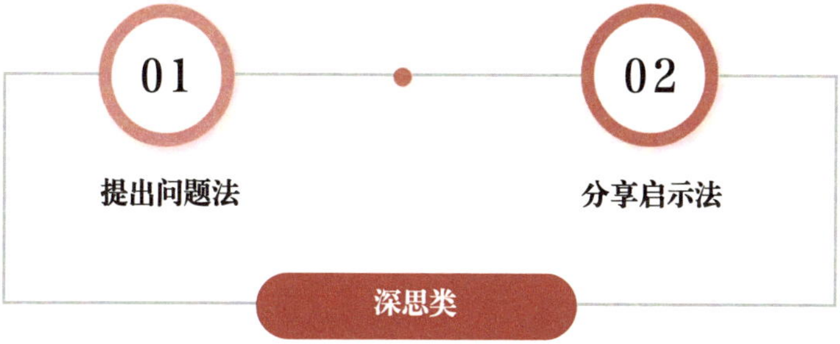


### 1. 提出问题法

“现场的观众朋友，你们说，鳖鱼能够长多大是由水族馆的馆长决定的，还是由它们自己决定的？同样，我们自己的成长，是由我们自己来决定，还是由别人来决定呢？这场演讲结束以后，你们的业绩提升多少，是由别人来决定，还是由你们自己来决定？显然，所有的决定都掌握在自己手中！”

再看一个例子：“你们是否也曾经因为坚持而超越自己？是否也曾经因为坚持而找到了自己内在的力量？是否也曾经因为坚持而看到了自己真正的价值？如果都没有，那现在你准备好了吗？准备好面对自己的内心，去寻找那个真正的自己了吗？请告诉自己答案。”

刚才你是否也会随着提问进行思考？一定是的，因为提问本身就可以促进思考、增强观众的注意力、加深对此次演讲的理解；在另一个维度，也潜移默化地让观众参与进来，增加了神秘感。

### 2. 分享启示法

“在深秋的田野里，一片片金黄的麦穗，随风摇动着，承载着饱满的籽，厚重地下垂着。随着籽粒越来越成熟，越来越饱满，麦穗的头也越来越低，而只有不熟的麦穗才向上挺着，高高地抬着头。是呀，成熟的谷穗低着头，成熟的苹果红着脸，成功来自谦虚。”通过故事启示，可以引发观众的思考，同时也增加了演讲的深度，让演讲的结尾非常妙。

## 四、共鸣类

拥有情感共鸣的结尾，能够有效触动观众的情感，让观众感受到演讲者的真诚，在当今时代，真诚是至上的法宝，弥足珍贵。这类结尾通常有“排比推进法”“感情升华法”“期待畅想法”三种方法。

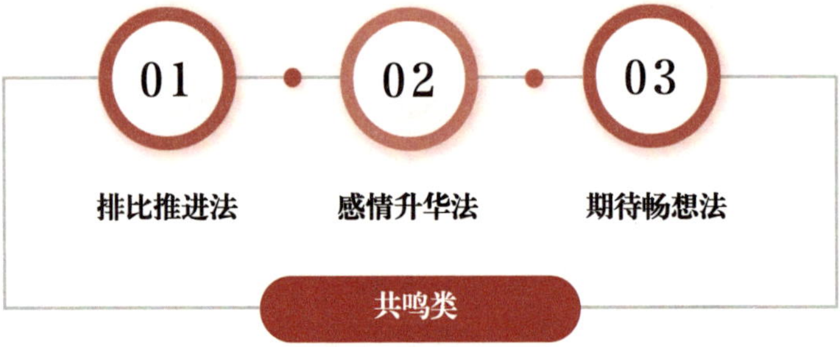


### 1. 排比推进法

在 2010 年杰夫·贝佐斯的演讲结尾，他说：“你们会如何运用自己的天赋？你们又会做出怎样的抉择？你们是被惯性所引导，还是追随自己内心的热情？你们会墨守成规，还是勇于创新？你们会屈从于批评，还是会坚守信念？你们会掩饰错误，还是会坦诚道歉？你们要不计一切代价地展示聪明，还是选择善良？

这个演讲结尾迄今为止，都有一种荡气回肠的感觉，排比修辞不仅具有形式的美感，还可以增强语势，让观众从情感上感到震撼。所以我们在使用排比修辞时也要注意结构一致、用词精准。

### 2. 感情升华法

俞敏洪在“中国创业榜样”活动上演讲时说：“青春跟年龄没有任何关系。有的人在 20 岁的时候，青春已经死亡，他对生命已经没有任何期待，也不再具备奋斗精神。有的人到了 80 岁，依然具备青春洋溢的色彩，在思考未来的生命到底应该怎么过？所以青春给你们八个字：拥有热情，相信未来。大家应该都能记得诗人食指所写的一首诗：朋友，请坚定地相信未来吧，相信不屈不挠的努力，相信战胜死亡的年轻，相信未来，热爱生命。”

在结尾处，使用强烈、感人的语言强调，触动观众的内心，增强演讲的影响力，更容易产生共鸣和行动。

### 3. 期待畅想法

雷军在小米十周年时的演讲结尾说：“下一个十年，创新之火将会照亮每个疯狂的想法，小米将成为工程师向往的圣地；下一个十年，智能生活将彻底影响我们每个人，小米将成为未来生活方式的引领者；下一个十年，智能制造将进一步助力中国品牌的崛起，小米将成为中国制造业不可忽视的新兴力量；下一个十年，小米将成为一条蜿蜒奔涌的长河，流过全球每个人的美好生活，奔向所有人向往的星辰大海。在未来的征程里，相信自己，一往无前！谢谢大家！”

期待畅想的方法，语言是生动的、积极的，能激发观众的热情和动力，让他们感受到演讲者对未来的信心和期望。我们在使用这个方法时可以描绘未来愿景，强调积极的展望，鼓舞更多人。

以上就是打动人心的四大类尾场方法。“物有本末，事有始终”，万事万物都应当有始有终，如果一个精彩绝伦的开场可以帮你的演讲拿到预判分，那么一个余音绕梁的结尾，可以帮你的演讲拿到升值分。希望大家在演讲中都能拥有一个精彩的结尾。

## 玉米给你列清单
List

**第一：总结类**

归纳总结法 首尾呼应法 个人承诺法

**第二：点睛类**

金句名言法 故事点睛法 呼吁号召法

**第三：深思类**

提出问题法 分享启示法

**第四：共鸣类**

排比推进法 感情升华法 期待畅想法

# 第二章

# 六种感染力技巧，让你快速点燃全场

## 第一节

# 一个金句，让演讲自带传播力

你还记得罗振宇历年来《时间的朋友》跨年演讲中的内容吗？如果有点模糊，那你一定记得罗振宇在演讲时的一两句让你印象深刻的话，即使时光荏苒，这几句话仍然历久弥新，甚至曾几何时，让你非常治愈，甚至醍醐灌顶，那便是演讲金句，一个金句就可以让演讲自带传播力。

下面就是罗振宇历年跨年演讲中的金句，看看你是否熟悉。

2014—2015 年：没有任何道路通往真诚，真诚本身就是道路。

2016—2017 年：成功只有一种，按照自己想要的方式度过一生。

2017—2018 年：你必须不停奔跑，才能留在原地。

2018—2019 年：凡是我赶不上的，我就做好准备，到未来等它。

2019—2020 年：每个人都是别人的一盏灯。

2020—2021 年：分头努力，各自向好，彼此认同，守望相助。

2021—2022 年：行就行，不行我再想想办法。

2022—2023 年：在“内卷”的尽头，请试试“微雕”。

2023—2024 年：标准答案上天堂，参考答案走四方。

……

看完这些，你能体会到金句的意义了吗？在这个信息繁杂的时代，每天我们都会有大量的信息摄入，而人的脑容量是有限的，很难记住所有内容。但是我们会对那些像金子一样闪闪发光的句子记得格外深刻。金句可以是给人价值启迪，且一句话就能说出大家想说又不好表达的句子；是具有形式美，读起来朗朗上口，有利于传播的句子；是具有内涵，能引发深思、产生共鸣、调动情绪的句子。

在演讲中有效地引用或使用金句，可以升华主题，让演讲的质量更上一层楼，同时有利于演讲的传播，以及个人影响力的放大。名人大家在演讲中都会使用金句，我们在演讲的各个环节也请尽情表达吧。

知道了金句在演讲中的重要作用，那我们可以通过什么方式获取更多的金句，且符合我们演讲的主题呢？无非就是两种方式：“搜索金句”“创造金句”。

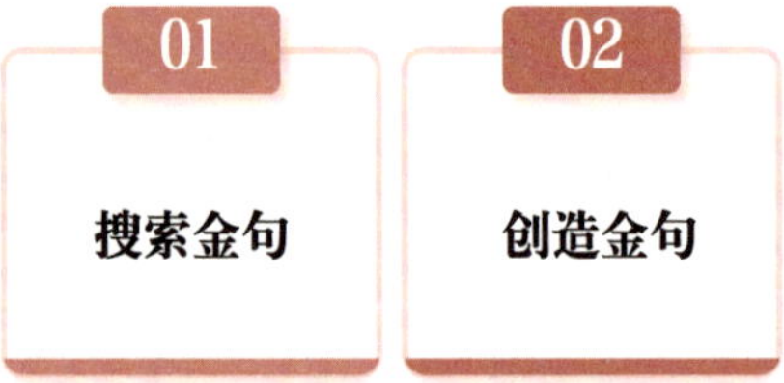


无论使用哪一种方式，我们都可以“站在巨人的肩膀上”去达成，利用各个平台找到有传播力的金句，同时提升我们的搜索力，创造有传播力的金句。

## 一、搜索金句

关键词 + 金句：成功 / 快乐 / 爱情 / 奋斗 + 金句；

名人 + 金句 / 名人名言：丘吉尔 + 金句 / 马云 + 名人名言；
书 + 金句：《红楼梦》+ 金句 /《活着》+ 金句；
电影 + 金句：《疯狂的石头》+ 金句 /《霸王别姬》+ 金句；
其他 + 金句：歌 + 金句 / 热点 + 金句 / 新闻 + 金句。

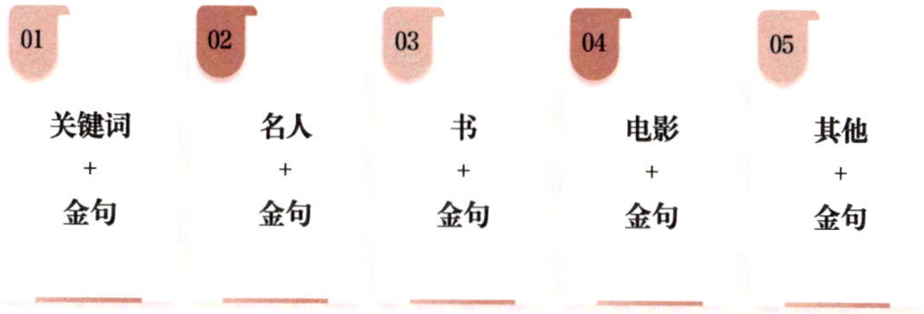


## 二、创造金句

会搜索只是解锁金句的第一步，演讲中除了使用搜索的金句，我们还要会创造金句，并且这个金句在演讲中能得到观众的认可，就能引起传播，影响力会因为一句公认的金句而扩大，这样我们演讲的终极目的就达成了！

通过什么方法来创造一个好金句呢？其实，能创造一个好金句，是因为有很多有力量的金句表达结构，并学会了拆解结构，可以随时创造属于自己的金句。

搜：×××+ 金句。如：电影《东方不败》+ 金句。

选：选择一个金句。如：只要有人就有恩怨，有恩怨就有江湖。

拆：只要有 ××× 就有 ×××，有 ××× 就有 ×××。

创：只要有人就有求知，有求知就有书香的世界。

只要有人就有牵挂，有牵挂就有温暖的家。

只要有人就有协作，有协作就有共赢的可能。

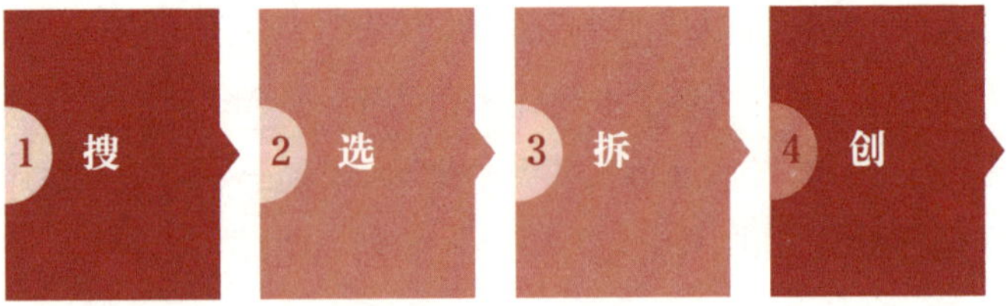


通过四步，找到金句，选择它，拆解它，然后再创造，就可以拥有源源不断的好金句，让自己的演讲得到传播。

## 三、金句表达结构

帮助大家整理了几类有力量的金句表达结构，一起来创造自己的专属金句吧。

### 1. 辩证式金句

**选择**（设置两个选项形成对比或者并列，做出选择）

□ **与其……不如……**

举例：与其后悔过往，不如勇敢前行。

与其在原地回忆惊天动地，不如出发再次经历（路虎）。

□ **要么……要么……**

举例：要么安于现状，要么挑战未知，人生总要在选择中前行。

要么旅行，要么读书，身体和灵魂必须有一个在路上（罗马假日）。

□ **要……不要……**

举例：要坚定信念，不要随波逐流。

要消费，不要消费主义（网易严选）。

□ **别……去……**

举例：别被牵绊，去主动追寻。

别想太多，大胆去闪耀（宝洁）。

**递进**（前后有一定的关联性，有逐一递进的感觉）

□ **如果……那就……**

举例：如果生活没有选项给你，那就勇敢迎上去（百度《生活因你而火热》）。

如果梦想遥不可及，那就脚踏实地走向它。

□ **哪有……只……**

举例：哪有什么天生如此，只是我们每天坚持（KEEP）。

哪有不劳而获的成功，只有持之以恒的努力。

□ **既然……就……**

举例：既然成见不会改变，就让我亲自打破（芒果《歌手》）。

既然热爱，那就极致。

□ **不……只是……**

举例：我们不生产水，我们只是大自然的搬运工（农夫山泉）。

不满足于现状，只是追求卓越。

## 2. 结构式金句

**ab　ba**（前一句的开头，做后一句的结尾；且前一句的结尾，做后一句的开头。）

举例：梦似现实，现实似梦。

你不去看世界，世界也懒得看你。

可悲的真相是，真相是可悲的。

**ab　ac**（前缀一样，后续承接不同）

举例：越磨砺，越锋利。

要么出众，要么出局。

有人等伞来，有人等雨停。

**ab　bc**（前一句的结尾，做后一句的开头）

举例：你不理财，财不理你。

一生二，二生三，三生万物。

知至而后意诚，意诚而后心正，心正而后身修，身修而后家齐，家齐而后国治，国治而后天下平。

**bq dp**（对仗工整，结构含义相反）

举例：今天对我爱答不理，明天让你高攀不起。

今天对我冷眼相待，明日令你刮目相看。

今天对我漠然不顾，他日让你望尘莫及。

**bb**（按照某种模式重复相同、类似的字词）

举例：以傲慢和偏见回敬傲慢和偏见。

很多人根本不知道自己不知道。

人总是愿意相信自己愿意相信的。

**bd**（两个相反含义的字词放在一起）

举例：孤独的狂欢。

震耳欲聋的沉默。

没有意义就是最大的意义。

### 3. 修辞式金句

**对比**（把具有明显差异、矛盾和对立的双方放在一起）

举例：不在乎天长地久，只在乎曾经拥有。

不是发际线在后退，而是我在前进。

**排比**（结构相同或相似，意思密切相关，语气一致）

举例：我来了，我看见，我征服。

青春无畏，无惧挑战；青春无悔，不负韶华；青春无敌，创造辉煌。

**拟人**（脑洞够大，关联力够强）

举例：时间有个怪脾气，我行我素。

你不去看世界，世界也懒得理你。

**比喻**（对事物进行“重新定义”，需要角度够新颖、够有趣）

举例：世界上有一种专门拆散亲子关系的怪物，叫作长大。

发呆，是一场无声的对话。

### 4. 冲突式金句

**反转**（“偷换主语”，前面用的是一个主语，后面的话是另一个主语形成反转效果）

举例：最黑暗的时刻，往往离黎明最近。

真正的失败不是倒下，而是放弃后再也没有站起来。

经历能塑造一切，可我就是不靠经历。

**悖论**（设置冲突，构建一种看似自相矛盾的情况，引发深思）

举例：在最深的绝望里，往往藏着最热烈的希望。

真正的自由，是在束缚中寻找自我。

我知道一件事，那就是我什么都不知道（苏格拉底）。

金句，是情感的洗涤剂。它们用简洁的语言表达着复杂的情感，传递着深刻的思想。就像张桂梅所说：“我生来就是高山而非溪流，我欲于群峰之巅俯视平庸的沟壑。我生来就是人杰而非草芥，我站在伟人之肩藐视卑微的懦夫。”洗涤了一颗又一颗心灵。

金句，是历史的见证者。它们记录着时代的变迁，承载着文明的传承。就像张载说过的：“为天地立心，为生民立命，为往圣继绝学，为万事开天平。”我们仍会记得历史留给我们的财富。

金句，是生活的调味品。在平淡的日子里，一句金句可以点亮我们的心情，给我们带来无尽的惊喜和感动。就像李白说过的：“仰天大笑出门去，我辈岂是蓬蒿人。”在困难时刻，一句金句可以鼓舞我们的斗志，让我们勇往直前，不畏艰难。

希望我们每个人都能在生活中发现更多的金句，创造更多的金句，用它们来照亮前行之路！

### 玉米给你列清单
List

| 第一步：搜索金句 | | 第二步：创造金句（金句表达结构） |
| --- | --- | --- |
| 1.关键词+金句 | and | 1.辩证式金句 |
| 2.名人+金句/名人名言 | | 2.结构式金句 |
| 3.书+金句 | | 3.修辞式金句 |
| 4.电影+金句 | | 4.冲突式金句 |
| 5.其他+金句 | | |

## 第二节
## 五觉手法，让演讲更有画面感

“春天来了，万物复苏，一片生机盎然的景象。蓝天白云下，阳光格外明媚，让人感受到生命的力量和希望，心情非常愉悦。”这是在演讲中说“春天”，也是大多数人对春的描绘，这类表达是没有画面感的表达。

如果我们换一种表达方式，会产生怎样的效果呢？

“在春天的呼唤下，沉睡的大地苏醒了。那微妙的春风，像一个细语轻歌的少女，轻轻地抚过你的脸颊，轻柔而微凉；蓝天映衬下，白云飘飘悠悠，在空中曼舞，那云层的间隙中，洒下温暖的阳光；当踏在春天的土地上，发现嫩绿的小草从土壤中探出头来，柔软而有弹性，青绿的嫩叶在阳光下熠熠生辉，每一片新叶都带着春天的气息；在春天的画卷中，美丽的花儿竞相开放散发着沁人心脾的香味，像是在举办一场盛大的舞会，更像是在向你诉说着春天的故事；小鸟们在枝头欢快地歌唱，就像一串串清脆的音符，不断跳跃；摘下一颗初春的草莓，清新可口，甜中还带着微涩；这就是春天，一个充满希望和梦想的季节。”

两个同样是对春天的表达，但是呈现的效果完全不一样，其中的奥妙就在于让演讲拥有画面感的“五觉”方法。

什么是五觉呢？分别是：视觉、听觉、嗅觉、味觉、触觉。

| 用“五觉”拆解“春天” | | | |
|---|---|---|---|
| 1 | 视觉 | 用眼睛看到的 | • 蓝天映衬下，白云飘飘悠悠，在空中曼舞，那云层的间隙中，洒下温暖的阳光<br>• 当踏在春天的土地上，发现嫩绿的小草从土壤中探出头来<br>• 青绿的嫩叶在阳光下熠熠生辉 |
| 2 | 听觉 | 用耳朵听到的 | • 小鸟们在枝头欢快地歌唱，就像一串串清脆的音符，不断跳跃 |
| 3 | 嗅觉 | 用鼻子闻到的 | • 美丽的花儿竞相开放，散发着沁人心脾的香味，像是在举办一场盛大的舞会 |
| 4 | 味觉 | 用嘴巴尝到的 | • 摘下一颗初春的草莓，清新可口，甜中还带着微涩 |
| 5 | 触觉 | 用身体触到的 | • 那微妙的春风，像一个细语轻歌的少女，轻轻地抚过你的脸颊，轻柔而微凉<br>• 柔软而有弹性 |

使用五觉，可以让演讲更加有画面感，让演讲更加生动有趣，吸引观众的注意力并增强传达信息的效果。我们分别来看五觉可以从哪些方面描述。

## 一、视觉

可以从类别、大小、长短、形状、新旧、颜色等方面进行描述。

举例：蕉叶古琴为什么比一般的琴要难做，因为它的叶瓣就像水面波浪，就像大唐的女性婀娜多姿、线条流畅、优美沉静。

不必说碧绿的菜畦，光滑的石井栏，高大的皂荚树，紫红的桑葚；也不必说鸣蝉在树叶里长吟，肥胖的黄蜂伏在菜花上，轻捷的叫天子（云雀）忽然从草丛间直窜向云霄里去了。单是周围的短短的泥墙根一带，就有无限趣味（鲁迅《从百草园到三味书屋》）。

## 二、听觉

可以从声音的大小、高低、强弱、快慢、松紧、音色等方面进行描述。

举例：我们来听听音色，音色低沉，如山，如风，如雨。大弦如鼓，小弦如玉，此琴具备的这种音色，颗粒饱满。弹时行云流水，很空灵，就像满盘的珍珠洒落于玉盘，特别甜美、温润、松透，有青石之声，轻弹则雅，重弹则雄，苍古豪迈。

在我们脚下沉吟着，诗人一般。那声音仿佛是朦胧的月光和玫瑰花间的晨雾那样温柔；低低地，轻轻地，像微风拂过琴弦，像落花飘在水上（鲁彦《听潮》）。

## 三、嗅觉

可以从气味的多种特性，如香味、臭味、甜味、酸味、苦味等方面描述。描述气味时，可以使用形容词来描述其强度（如微弱、强烈）、持续时间（如短暂、持久）、味道（如甜美、苦涩）以及与其他气味的相似性（如花香、果香）等。

举例：这一支香水是苹果白兰地。这个气味的最前端是香柠檬

的酸楚，带了一点点苹果的涩甜。白兰地的气息是很真实的酒香，你能闻到酒里面的微醺和一点点微辣，中间混合着一些苹果带来的酸甜感，整体来讲，这是一支非常奇妙的香水。

这里除了光彩，还有淡淡的芳香，香气似乎也是浅紫色的，梦幻一般轻轻地笼罩着我（宗璞《紫藤萝瀑布》）。

## 四、味觉

可以从酸、甜、苦、辣、涩、咸、鲜、麻等方面进行描述。

举例：有时候妈妈看你玩得太累了，把你喊回来，锅里煮了自己家地里摘出的玉米，香气扑鼻，你用筷子戳起来，拿在手上边啃边跑。你跑的时候，背后的阳光温暖，洋洋洒洒落在地上，在你面前投下了跟你一样大小的影子，你边跑边追。嘴里头那一口玉米淡淡的回甘味，唇齿留香。

我所住的旅馆是租房不卖饭的，饭菜必须另外叫来，但又无味，入口如嚼泥土（鲁迅《在酒楼上》）。

## 五、触觉

可以从软硬、冷热、疼痛、酸麻等方面进行描述。

举例：你一个手拿着筷子杵着的玉米棒子在啃，啃到嘴里，软软糯糯，十分可口。一个手还贪心地抱着从水井里刚取出来的冰

镇西瓜，透心凉。大人们在忙着说他们的事情，有时候低声细语，有时候开怀大笑。你不关心，那个时候人间的事情你还没有经历，你还是个无忧无虑的孩子。

他感到鱼线在小船下绷紧了，于是他用手掌托着大鱼，尽量把它举高，让鱼线勒着它的肚子。我感觉到它的力量，它简直要把我拖倒了（海明威《老人与海》）。

演讲者训练五觉的表达能力是一个综合过程，涉及视觉、听觉、嗅觉、味觉和触觉五个方面的训练。因此演讲者应该进行综合训练，提高整体的表达能力。

体察生活：多观察生活中的细节，从中寻找灵感和素材，丰富自己的表达内容。实践应用：通过刻意训练，将训练成果应用到实际的演讲中，不断反思和改进自己的表达方式。

### 玉米给你列清单
List

**视觉**
**听觉**
**嗅觉**
**味觉**
**触觉**

## 第三节

# 十种修辞，让演讲充满生动性

接下来我们要聊的是演讲中的十种修辞手法，就像给你的演讲涂上五光十色的颜料，让它成为一幅充满活力的画。我们一起探索那些能让演讲更生动、更难忘的艺术技巧吧！

### 一、比喻

比喻的修辞手法，通过将一个事物与另一个事物相比较，可将抽象的概念变得具体且生动，从而更好地理解演讲者的意思。余光中说："我的心是七层塔檐上悬挂的风铃，叮咛叮咛，此起彼伏，敲叩着一个人的名字。"通过比喻的修辞手法，引发观众联想，让演讲者的表达更加丰富、形象，增强语言的美感，将复杂的概念简化，帮助观众更好地记忆演讲内容。

比喻的修辞手法具体怎样呈现呢？

**公式：本体 + 比喻词 + 喻体**

本体指被比喻的事物，比喻词指连接本体和喻体的词，喻体指用来比喻的事物。

如：他的心像石头一样冰冷。（"他的心"是本体，"像"是比喻词，"石头"是喻体。）

升级版公式：**本体 + 比喻词 + 喻体 + 特征（增加了描述喻体的特征）**

如：他的笑容像春天的花一样鲜艳，充满着温暖和活力。

**本体 + 比喻词 + 喻体 + 情感（增加了描述本体的感觉）**

如：他的眼神像冬天的寒风一样冷漠，让人感到心寒。

那么除了“像”这个比喻词之外，还可以有什么比喻词呢？

**“就是、就要、正如、似、如同、仿佛、犹如……”**都可以做比喻词。

我突然想，我的命运**就是**佛桌边燃烧的红蜡，火焰向上，泪流向下（贾平凹）。

一个老人辞世了，**就像**一座图书馆被烧毁了（贝纳尔·韦尔贝）。

两个人在一起，人家就要造谣言，**正如**两根树枝相接近，蜘蛛就要挂网（钱钟书）。

## 二、比拟

比拟的修辞手法是借助想象，把物比作人来表达，或把人比作物来表达，或者把 A 物比作 B 物来表达。

**拟人：（把物比作人）**赋予物以人的动作、行为、思想、感情、活动，用描写人的词来描写物。

原句：树叶在风中摇曳。

拟人：树叶似乎在风的怀抱中舞动，欢快地摇曳着它们的绿色裙摆。

原句：闪电划过黑暗的夜空。

拟人：闪电像一位不安分的艺术家，突然跃动，为夜空创造出一幅刺目的画。

原句：河水流淌在山谷中。

拟人：河水宛如一位不知疲倦的旅行者，穿越山谷，继续向前流淌。

**拟物：（把人比作物）**

原句：那位老者的头发斑驳而丰富，见证了岁月的沉淀。

拟物句：那位老者的头发宛如秋天的树叶，斑驳且丰富，仿佛岁月在他身上留下了丰富的色彩。

原句：她的目光洒在周围人身上，为他们带来温暖和希望。

拟物句：她的目光犹如温柔的阳光，洒在周围人身上，温暖而充满希望，如同太阳为大地带来生机。

原句：她坚韧不拔，不曾低头。

拟物句：她坚韧不拔，如同一株顽强的草木，生长在风雨中不曾低头，展现出生命的坚强。

**（把物比作物）**

原句：雪花纷纷扬扬地落下。

拟物句：雪花落下，犹如天使的羽毛，轻盈而安静地飘洒在大地上。

原句：雨滴打在窗户上。

拟物句：雨滴如同小提琴弹奏的音符，轻柔地跳跃在窗户上，奏出一曲悠扬的旋律。

原句：星星点缀了夜空。

拟物句：星星如同闪烁的钻石，高悬在夜空，为黑暗的帷幕点缀了无数珍贵的光点。

## 三、类比

类比的修辞手法可以让演讲更具说服力和感染力，帮助观众更好地理解和记住演讲的内容，在使用类比时需要谨慎选择比较对象和比较方式，确保它们之间真正存在相似之处或差异。

**对比类比：**通过对比两种或多种事物间的不同点或者相反性质，而不是相似性质，来强调它们的差异，让我们更加清晰地看到事物间的区别，加深理解。

例如："阅读纸质书与电子书，就像传统手工咖啡与速溶咖啡的区别。纸质书给人带来的不仅是文字的享受，更有翻页时纸张的质感、书页的香气以及那份独有的仪式感；而电子书则以其便捷、搜索功能强大和环保为特点，满足了现代快节奏生活的需求。就像手工咖啡需要经过精心研磨和冲泡，才能散发出浓郁的香气和独特的口感，而速溶咖啡则以其快速冲泡和方便携带受到现代人的喜爱。"

**相似类比：**通过将两种或多种事物进行比较，以阐明它们间的相似之处。

例如：“春日的微风轻拂脸颊，如同恋人的温柔细语，给人带来无尽的舒适与宁静。”

“在绘画中，用画笔捕捉光影的微妙变化，如同音乐家用音符编织情感的旋律，两者都在探寻无声世界中的灵魂共鸣，让观者沉浸在情感的深度与广度的交织之中。

## 四、排比

排比的修辞手法是把三个或三个以上的句子排列起来，且句子结构和长度类似，语气一致，以增强表达的力度，引起观众共鸣，使表达节奏感更强，条理性更好，更有利于表达强烈的感情。

丘吉尔在“我们将在海滩上战斗”的演讲中说：“我们将在海滩上战斗，我们将在登陆场上战斗，我们将在田野和街头战斗，我们将在山丘上战斗；我们将永不投降……”丘吉尔通过排比，强调了英国坚决抵抗纳粹德国的毫不屈服的决心。

奥巴马在“是的，我们能”的演讲中说：“是的，我们能够改变；是的，我们能够治愈这个国家；是的，我们能够抓住未来。”通过排比激发人们对变革的信心。

分享四种常见的排比形式。

**等差排比：**一系列成员之间的差距相等。

例子：不论前方有多少荆棘，不论身后有多少风雨，不论左右有多少险阻，我们都要义无反顾、奋勇前行。

**递增排比：**一系列成员之间的差距逐渐增大。

例子：他的努力，点燃了心中的火焰；他的毅力，磨砺了前行的利刃；他的智慧，如同一盏指引前路的明灯。

**递减排比：**一系列成员之间的差距逐渐减小。

例子：她的微笑，温暖了整个房间；她的笑声，如同悦耳的音乐；她的眼神，深深地感染了每一个人。

**对称排比：**排比成员之间的结构对称。

例子：他的眼中有着清澈的湖水，他的心中有一座坚固的城堡，他的笑容如同阳光般温暖。

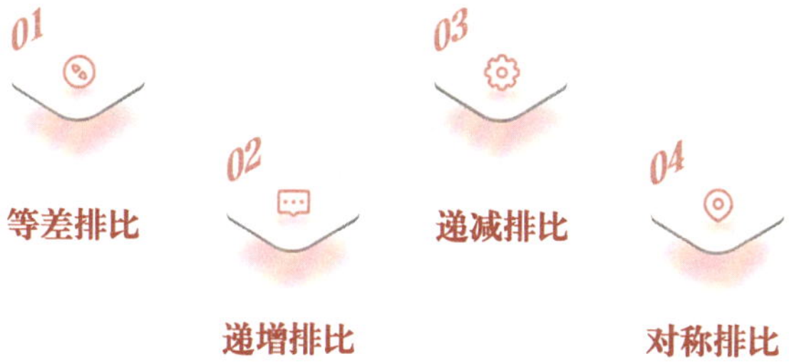


## 五、引用

通过引入他人的言论、观点或作品，以增强说服力，强调某一观点，或为自己的论证提供支持，提高语言表达效果。

**直接引用：**将他人的言论或文字原封不动地引入文中，通常使用引号标示。

爱因斯坦曾说过："想象力比知识更重要，因为知识是有限的，而想象力概括了世界的一切。"

**间接引用：**与直接引用不同，间接引用是对原文的重新表述，通常不使用引号，这样的引用形式更注重对原意的概括和解释。

原文：专家指出，全球气温升高的主要原因是人类活动释放了温室气体。

间接引用：根据专家的观点，全球气温上升主要是由于人类活动产生了温室气体。

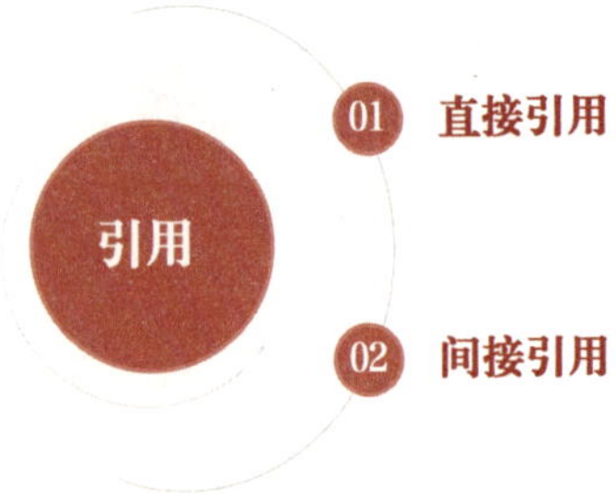


## 六、对比

通过对比，能够增强演讲的表现力、吸引力和说服力。

举例一："她的微笑如同阳光，而他的眼神却像暗夜的深渊。"通过直接对比，强调差异，使形象更为鲜明。

举例二："他努力工作、勤奋学习，但命运对他始终不偏不倚。"将一系列相似或对立的词语、短语或句子排列在一起，使语言更加生动。

举例三："他的外在豁达开朗，内心却是一片沉思的海洋。"在描写一个事物时，也可以通过对比内外在的特征，展现事物的复杂性。

## 七、对偶

对偶的修辞手法可以使演讲更加有力、引人入胜。通过在语言表达中使用平行结构，将两个或多个相似或对立的内容相互呼应，使表达更为生动、鲜明，增强语言的表现力。在演讲中，对偶的修辞手法可以用来突出重点、强调观点、增强语音韵律，使演讲更加引人入胜。

例子：

“我们不是被逼迫，而是被启发；我们不是被沉默，而是被激发。”

“不要问你的国家能为你做什么，而要问你能为你的国家做什么。”

“今天我们站在历史的十字路口，要么前进，要么后退；要么团结，要么分裂。”

“在困境中，我们找到了机遇；在失落中，我们发现了希望。”

“在我们的失败中，隐藏着成功的种子；在我们的成功中，埋藏着失败的警示。”

……

## 八、借代

通过借用与某事物相关的其他事物来代替目标事物。

**用具体事物代替抽象概念**

例如，在谈论“时间”时，可以说“如白驹过隙，忽然而已”；在谈论“爱情”时，可以说“爱情像一杯茶，需要慢慢品味”。增强语言的生动性和形象感，让观众更容易理解和记住演讲内容。

“他的观点就像一只独行的狼，在茫茫雪原上孤独地奔跑。”这里用“独行的狼”代替了“独特的观点”。

**用具体场景代替抽象情感**

例如：在谈论“孤独感”时，可以说“我感到自己像是一叶孤舟，漂浮在茫茫的大海上”；在谈论“绝望”时，可以说“我仿佛置身于黑暗的深渊之中”。

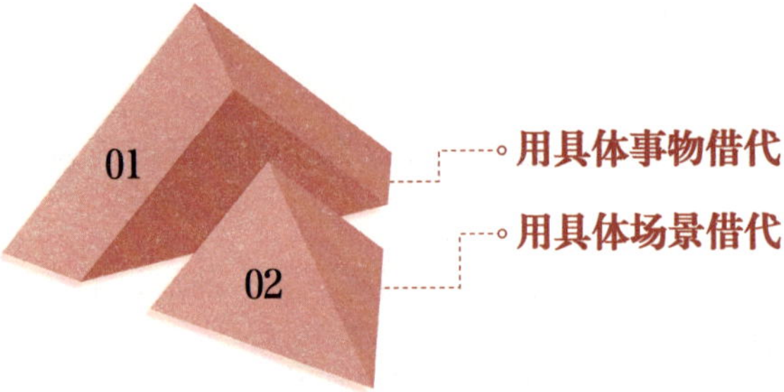


## 九、反复

反复和排比是两种不同的修辞手法。

构成不同：反复可以只反复两次，也可以反复多次，而排比必须由三个或三个以上的相同或相近的句式构成，排比句至少是三个句子。

目的不同：反复是为了突出某个意思、强调某种感情而有意重复某个词语或句子的修辞方式。

“我们是人，我们是无产阶级，我们不懂得什么叫妥协！我们一定要革命到底！”在这段演讲中，演讲者反复使用了“我们”，强调了坚定的信念和决心。

“朋友们啊，同胞们啊，让我们共同携手前行！让我们共同奋斗到底！让我们共同开创未来！”这段演讲中，演讲者反复使用了“让我们”这个词语，强调了团结和共同奋斗的重要性。

## 十、反问

反问的修辞手法，通常在演讲中用于引起观众的思考，激发他们的兴趣或引导他们思考演讲者所提出的观点。

马丁·路德·金在演讲中说：

“难道我们不能彼此和平相处吗？”

“这个国家不是一个自由的国家吗？”

丘吉尔在演讲中说：

“我们难道应该放弃，向德国低头吗？”

“我们应该让欧洲沦为希特勒的奴隶吗？”

以上十种修辞手法就像音符一样，在演讲的舞台上跳动，为演讲注入灵魂，创造一场在观众心中激荡的“交响乐”。

**玉米给你列清单**
List

| | |
|---|---|
| 比喻 | 比拟 |
| 类比 | 排比 |
| 引用 | 对比 |
| 对偶 | 借代 |
| 反复 | 反问 |

## 第四节

# 一个影音，让观众聚精会神

马云在“如果我年轻时敢说话”的演讲中运用了许多图片和视频片段，通过展示他创办阿里巴巴的艰辛历程、公司发展的里程碑，以及与员工共同奋斗的场景，让观众更直观地感受他的创业心路。这些图像不仅丰富了演讲的内容，也使观众更加深刻地理解了他所分享的经验和价值观。

使用音频、视频、图片和交互式元素是演讲中提升吸引力、引导注意力以及深化主题的重要手段。

## 一、引人入胜的音频效果

**音效搭配：**使用音效来衬托你的言辞，比如在强调关键点时加入鼓点或激昂的音乐，能够让观众更加投入。

**语音片段：**插入相关的语音片段，例如名人演讲或实地录音，可以增加真实感。

“人总是要给自己出个题目的，这到岁末了嘛，就老想用一句话来总结我的 2023 年，这个题目实在太难了，我不知道你心里有没有答案。反正我的 2023 年过的是五味杂陈、百感交集。但是这句话，我还是找到了，怎么找到的呢？其实这句话你也听过，你坐飞机的时候就听过。话说今年末尾我坐飞机，又听到了这句话，当时我是虎躯一震，大腿一拍，这说的不就是我的 2023 年嘛。这句话是‘请您系好安全带，收起小桌板，调直座椅靠背’。懂得都懂……”这是罗振宇在 2024 跨年演讲上台开场的第一段故事。“请您系好安全带，收起小桌板，调直座椅靠背”这句话就是通过语音片段配合幻灯片呈现在观众眼前。录音播放比罗振宇自己口述效果更加真实，更能让观众有情感共鸣。

## 二、引人注目的视频片段

**生动案例：**使用真实的案例、故事或短视频，让观众更好地理解你的观点，并产生共鸣。

**演示模拟：**如果演讲的主题涉及操作或演示，使用视频来展示实际过程，让观众一目了然。

电影导演张纪中在一次“青春永驻”的演讲中通过播放多个与青春相关的电影片段，结合音乐和图像，勾勒出对青春的独特理解。这种影音交融的方式使观众更深刻地感受到演讲者对青春的情感表达。

## 三、感人至深的图片展示

**图像引导：**使用清晰、引人入胜的图片来支持你的演讲内容，让观众能够更容易理解和记忆。

**情感传递：**选择能够触动情感的图片，在演讲中创造更深刻的影响。

阿尔·戴安的“An Inconvenient Truth”演讲关注气候变化问题。在演讲中，他使用了大量的图片和图表，以图像的形式呈现全球气温上升、冰川融化等现象。通过这些图像，观众能够直观地理解气候变化的影响，增强了演讲的可信度和紧迫感。

## 四、交互式元素的使用

**投影幻灯片：**创建富有视觉冲击力的投影幻灯片，使用简洁的文字和精心挑选的图片，以帮助讲述你的故事。

百度创始人李彦宏在“面对不确定性，我们只能脚踏实地”的演讲中通过运用精心设计的图表和数据可视化，呈现了互联网行业的发展趋势和公司的战略规划。这种图像化的展示方式不仅使演讲更生动，还让观众更容易理解复杂的信息。

在演讲中还要注意时间和幅度的把控，不过分使用音频、视频和图片，注意控制时间和频率，确保这些是演讲的补充而非分散注意力的元素；精心选择在何时呈现音频、视频或图片，以产生最佳效果，避免在关键时刻分散观众的注意力。

注意技术和设备的准备，提前测试音频、视频和图片的播放效果，确保演讲当天一切顺利；准备备用计划，以防技术或设备故障。

总之，通过巧妙地结合音频、视频和图片、幻灯片，你可以打造一个引人入胜、生动活泼的演讲，让观众聚精会神，深深地投入你的故事或主题中。

**玉米给你列清单**
List

**引人入胜的音频效果**

**引人注目的视频片段**

**感人至深的图片展示**

**交互式元素的使用**

## 第五节

# 一个故事，让观众信任倍增

罗振宇在 2023 年跨年演讲中提到“距离 2023 年还有 3 个半小时，我想请朋友们坐下来，在这么多‘广阔生活的保证人’的陪伴下，咱们聚在一起聊聊天。今天晚上，我给你准备了 22 个故事，咱们开始……”所以我们就听到了“电动车与书店”的故事、“甘地与糖”的故事、“60 秒与 10 年”的故事……9 年来，罗振宇给大家带来一个又一个精彩的故事，一句又一句令人深思的句子，所以让每一年的“时间的朋友”演讲都备受瞩目。

雷军的 2023 年度演讲也是讲故事。3 个小时的演讲，他说了自己梦想的起点、大学生活、自己的创业、产品升级探索，等等，从头到尾，他都在做一件事，那就是讲故事。

作家李筱懿在《灵魂有香气的女子》一书中，讲了 29 位民国女神奋勇一生爱自由的传奇故事，有家境优渥的富家女、有教育世家的名门闺秀、有京剧世家的接班人……

为什么要讲故事？从人类文明来看，其源于神话故事、预言和传说。越是灿烂的文明，这类型的故事就越多。“嫦娥奔月、精卫填海、希腊神话……”每一个故事都滋养着一代代人的心田。祖先的智慧在没有文字的年代是通过口口相传、讲故事的方式传承的。

柏拉图说：“谁会讲故事，谁就拥有世界。”

我们听到中国烟草大王褚时健 71 岁锒铛入狱，75 岁古稀之年让“褚橙”享誉大江南北的故事；我们听到董明珠老公因病去世，其为还清巨额债务，孤身一人到珠海打拼，成为格力总裁的故事；我们听到任正非年轻时因缺乏社会经验，轻信他人被骗 200 万元，自己走投无路不轻言放弃，创办华为的故事。正是这些脍炙人口的故事让我们对他们更加了解，也更加印象深刻。

刘澜说：“领导者要动员团队做出改变，最重要的任务不是打动理智，而是打动情感。打动理智靠事实和数据，打动情感需要故事引导情绪。”一个好故事永远胜过讲道理。故事是感性的，能引起人的情感共鸣。讲故事可以营造氛围，让观众自己得出结论，反而讲道理是“强迫”对方接受你的观点。

那么一个好故事有哪些标准呢？

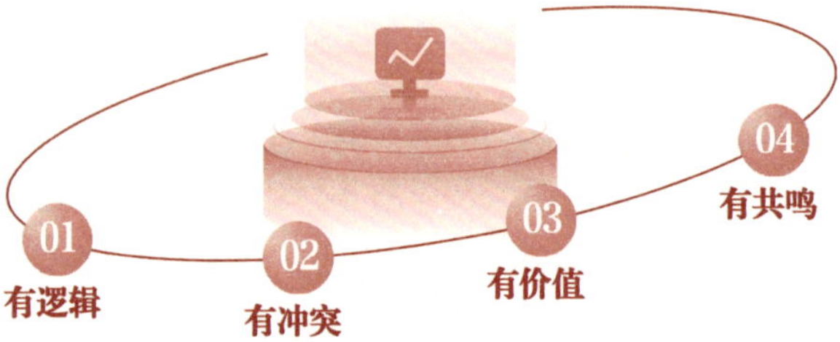


有逻辑：切忌“乱弹琴”。表达的清晰度和流畅性直接影响演讲者向观众传递信息的效果和观众对为演讲的理解和接受程度。

有冲突：切忌“流水账”。充满转折的故事才能激起观众对故事的好奇心和听下去的欲望，故事才有亮点。

有价值：切记“空话连”。讲故事是为了借故事说明某个道理，表达某种观念，传达某种态度，而不是空话连篇，对观众毫无启迪。

有共鸣：切忌“自嗨王”。一个好故事是可以和观众产生共情的。无论你的经历可以让观众想起曾经的自己；还是你的某种感受可以唤醒观众的感受；抑或是你故事里的观点、思想、态度可以得到观众的深度认可，都是有共鸣的故事。

周国平说：“一部伟大的故事，其伟大之处不在故事本身，而是对故事的叙述。”那么怎么讲好一个故事呢？分享两个讲故事的结构模板，你也可以讲出一个有逻辑、有冲突、有价值、有共鸣的好故事，成为讲故事的高手。

## 一、7 个问题“V 字结构”

台湾作家许荣哲说：“任何一个人，只要问自己 7 个问题，就可以在 3 分钟内说出一个完整的故事。”

第一个问题：主角的“目标”是什么？第二个问题：他遇到了什么“阻碍”？第三个问题：他是如何“努力”克服阻碍的？第四个问题：努力之后，“结果”如何？第五个问题：如果结果不理想，则代表努力无效，那么超越努力的“意外”可以改变这一切吗？第六个问题：意外发生，故事情节会如何“转弯”？第七个问题：最后的“结局”是什么？

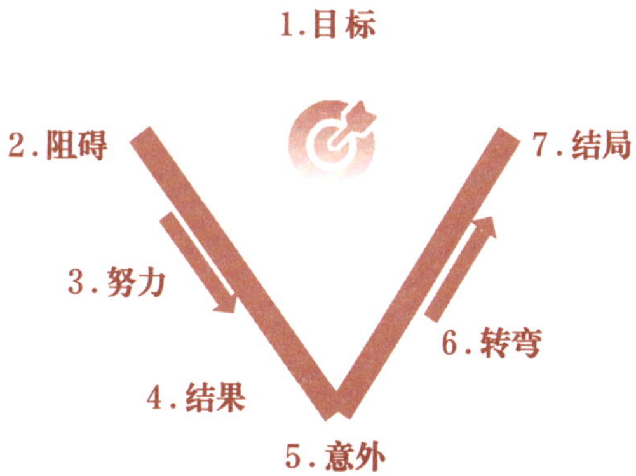


这个故事模型可以针对所有的故事，并且从这个模型不难看出一个典型的“V 字结构”，为什么一个精彩的故事会呈现这样的状态呢？

我们想让故事有逻辑，就必须有起承转合；想让故事有冲突，就必须有挑战，且挑战并不是一蹴而就的成功，而是三番五次的努力，让故事呈现一波三折的情节；想让故事有价值，就必须从故事中学会一定的道理，或者看到主人公的态度；想让故事有共鸣，就必须让主人公有心理活动，有情绪展现。以上都是需要这个故事本身有转折。

当一个人克服困难，实现“触底反弹”（意外）时，这通常意味着他已经经历了一段的挑战、挫折或失败，但通过自己的努力、决心和可能的外界支持，成功地走出了低谷，并开始向更好的方向前进。这也是故事之所以吸引人的原因。

举例：伊能静 TED 演讲“活出自己”：在 7 年前，我回到了单身，结束了 22 年的婚姻。

……

（阻碍）对于公众人物来说，即便这个事情已经过去 7 年，依然会在我的生活里，不断被一些自以为是上帝一样拿着道德挞伐的人，鞭打着我。网络里那些暴力的声音说：你这样的女人不应该得到幸福，你这种妈妈是世界上最自私的妈妈，所有的声音都到我的身体里。

那很像我小时候的一个经验，因为我来自单亲家庭，我爸爸很早就离开我们。那个经验是我母亲在我成长的无数岁月里都会提到的一句话，如果没有你，妈妈可能会过得好一点。我是家里的老七，从小我就有一种罪恶感，我不应该来到这个世界上。

我来到这个世界上，让妈妈受苦。当一个婚姻结束的时候，我所面对的不仅仅是这个婚姻的问题，我甚至回到了童年，开始质疑自己存在的价值。我看着那个安眠药，在想我什么时候变成一个需要靠安眠药来睡觉的孩子。

……

我的每一份工作都靠双手挣来，我做错了什么，就因为我不该被带到这个世界上，这是我的选择吗？我有选择吗？我的母亲告诉我说：这辈子你嫁一个好男人，你就会幸福了，你别像妈妈一样。

我努力了，我全力以赴了 22 年，我决定放手，没有人知道发生什么事情，我把所有人羡慕的幸福推到了外面。我拿着那个安眠药，我准备要吞下去，我眼泪一直在流的时候，突然听到一个声音：去寻找答案，去找到你是谁？你为什么要来到这个世界上？

（努力）我一直相信这个世界上有一个更高的智慧，在我遇到磨难的时候会来指引我，会给我智慧，给我慈爱，让我对自己宽容。于是我决定去印度。

……

我记得去印度的那一天，我从沈阳出发，当时是零下 30 度，非常冷。即便你穿了羽绒服，你都没有办法站在外面，漫天的大雪，飞机的跑道要靠冲水才能把雪融化。我从沈阳转机到上海，当时的上海 0 度，不用穿那么厚的羽绒服，我把羽绒服脱掉拿在手上，剩下一件毛衣，然后我再转机到新加坡，到了新加坡之后，居然 24 度了。

在同一天里，从零下 30 度到 24 度，我脱下毛衣，剩下小外套。最后我到了印度钦奈，那是一个完全的盛夏，一个超热的夏天，整个机场充满了嘈杂声，所有人穿极少的衣服，男人们没有穿上衣。我看着自己抱着一堆衣服在手上，身上剩下一件小小的背心。

（结果）我当时感觉就像一个征兆在告诉我，ok 可以脱下一切的东西，现在不冷了。亲爱的孩子放下它，于是我把那件穿了很多年的名牌羽绒服，放在了印度机场的垃圾桶上面跟它告别，从现在开始，所有我不需要的东西，我都不要带在身上。

（意外）我要强化我的人生，我在印度第一天上的课叫重生课，老师帮助我们回到在母亲产道里的经验。然后老师会问每一个人这个经验的感受。我告诉老师，我的感受是愤怒，还有我一度想要伤害自己。在这个黑暗的状态里，我想要打自己。

……

我的老师说："Annie，你的妈妈不想生你。"我当时整个愣住了，然后他说："去打电话给你母亲，问她为什么？"这个在我心里不断出现的声音，在这个时候被印度的老师在第一天就告诉了我，我说我不打这个电话。老师说："那你就退学吧。"

（转弯）我在第二天上课的前夕，因为有时差，打了电话给我母亲，我跟我母亲从小就很疏离，因为我很早就出来工作，我是一直赚钱养家的那个人。我是家里的第七个孩子，在我出生之后我父亲就离开了，因为我不是儿子，我们家都是女孩，我父亲认为他将来要回家乡，一定要带一个儿子。所以当他发现我是女儿，我母亲不能再生的时候，他就离开我们。我当时发誓，我要当家里的长子，我要让我父亲知道这个女儿跟儿子一样强，我一直在证明这件事情。所以当我打电话给我母亲的时候，我说："妈你可不可以告诉我，你跟爸爸发生了什么事情。"那是我第一次跟我母亲这么亲近的说话，然后我那个沉默的母亲就开始说："是我不好，是我不对，生不出儿子来。然后呢，爸爸离开了，爸爸是对的，我没给你爸爸生个儿子。"

你们都知道在中国对女人至高无上的赞美，是为家庭奉献这件事。我母亲把她生不出儿子的罪恶感交给了我。我进入一个家庭之后，我又把这个罪恶感带给了我的下一代，这种轮回到底要多久？我母亲最后跟我说了一个故事，她在我很大以后，拿了当时的30万台币要去买我父亲在外面生的一个儿子。

当她敲了那个女人的门，那个女人把门打开，抱着那个孩子，跟我母亲说："你生不出儿子来，你就别想了吧。"就像你们看到的电视剧，我母亲带着愧疚感，回家哭了一个晚上。可怕的攻击，不是来自父系社会建立的这个信仰，而是来自女人对女人的挞伐，女人自己会攻击女人说："你生不出儿子，没有为家庭牺牲奉献。"

……

我跟我儿子说要参加TED演讲，我问他要穿什么。他说穿蓬蓬裙啊，卷头发啊，带粉红色的蝴蝶结啊。我说："我是一个妈妈唉，我能穿成那样吗？妈妈应该要像中年的女生对不对，不然这样上台又会被骂了，说我装嫩啊，假少女啊。”然后我儿子突然看着我，用一种这有什么好说的表情，好像我说了一个废话一样，然后说：“但是妈妈，你除了是一个妈妈，你还是你自己啊！”

……

（结局）我希望全天下的女性都不要忘记，我们应该要团结起来。就像我孩子说的，你们除了有这些身份，你们还是你们自己。

## 二、好莱坞的“英雄之旅”

20 世纪伟大的神话学大师约瑟夫·坎贝尔提出好莱坞经典叙事结构——“英雄之旅”。在他看来，回顾我们看过的任何一个经典的故事、电影、小说，都可以拆解为 12 步，这 12 步合称为“英雄之旅”。通过 12 步，让完成的故事增加更多的起承转合和细节，更打动人心，让观众的信任倍增。

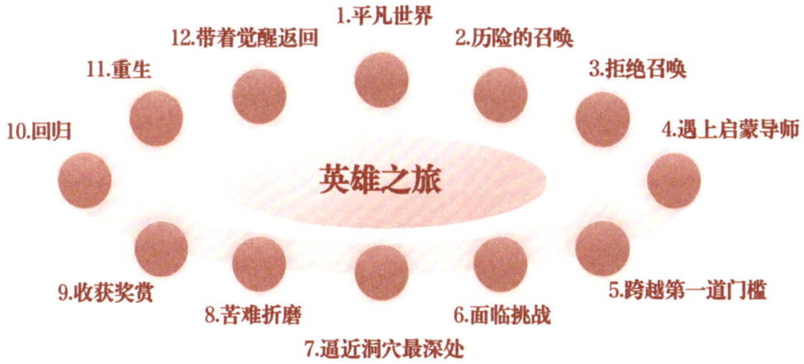


“英雄之旅”的 12 步具体为：

**平凡世界：**故事的开始，英雄生活在一个平凡的世界，宁静但暗藏危机。

**历险的召唤：**英雄收到了冒险的召唤，他遭遇了生活变故，或者听到了内心的声音，准备冒险。

**拒绝召唤：**想到未知的挑战，英雄也会犹豫。

**遇上启蒙导师：**这时，一位智者出现，给英雄提供建议并给予帮助，鼓励他接受挑战。

**跨越第一道门槛：**英雄出发了，他离开了“舒适区”，正式踏上未知的旅程。

**面临挑战：**一路上，考验、朋友和敌人接踵而来，英雄在新世界获得成长。

**逼近洞穴最深处：**不久后，英雄知道，最危险的敌人正在接近，他要和新伙伴一起面对。

**苦难折磨：**终于，决战到来，英雄要直面强大的敌人和自己内心的恐惧。

**收获奖赏：**英雄战胜了敌人，或是挽救了局面，或是成功逃脱困境，获得相应的奖励。

**回归：**英雄带着他一路上的收获，踏上归程。

**重生：**这段历程给英雄带来了新生。在归程中他依然会遇到阻碍，但他都能顺利突破。

**带着觉醒返回：**英雄满载而归，回归宁静或者准备开启新的篇章。

下面以电影《我不是药神》为例，以男主角程勇为出发点，我们一起来拆解属于这个故事的“英雄之旅”。

平凡世界：程勇是一个交不起房租的男性保健品商贩，生活困顿，与父亲关系紧张，前妻也即将移民，并准备带走唯一的儿子。他身处社会的底层，生活毫无希望。

历险的召唤：一个慢性白血病患者吕受益的出现，为程勇带来了一个改变命运的机会——从印度走私便宜但有效的仿制药。这对他来说是一个巨大的挑战，但也可能成为他翻身的契机。

拒绝召唤：一开始程勇拒绝了吕受益的提议，他害怕风险，也担心法律的制裁。

遇上启蒙导师：随着病友群的群主思慧、会说英语的黄毛、会说神父祷告词的刘牧师等人的加入，程勇逐渐看到了这件事情的可能性，并成为他们的“导师”，带领他们一起走私药品。

跨越第一道门槛：程勇决定冒险一试，开始了他的走私药品之旅。这是他人生中一个重要的转折点，他开始尝试走出自己的“舒适区”，挑战自我。

面临挑战：在走私药品的过程中，程勇遭遇了各种挑战和困难，包括与假药贩子的斗争、与警方的周旋等。同时，他也结识了更多的病友，与他们建立了深厚的友情。这些病友成了他的盟友，共同面对困难。假药贩子和警方则阻碍了他的行动。

逼近洞穴最深处：随着事业的扩大，程勇开始深入了解白血病患者的痛苦和无奈，也看到了更多因无药可治而离世的患者。他开始反思自己的行为，并意识到自己责任的重大。

苦难折磨：程勇的走私药品行为被警方发现，他面临着被捕和判刑的风险。同时，他的盟友和病友们也因为他的行为而陷入危险之中。这是他人生中的一次重大危机，他必须做出选择。

收获奖赏：尽管面临重大危机，但程勇仍然坚持帮助病友们，他最终赢得了病友们的尊敬。他的行为也引发了社会的关注，促使政府开始重视并改善药品管理制度。

回归：在经历了种种磨难后，程勇最终被捕入狱。但他已经不再是那个只关心自己的保健品商贩了，他成了一个有责任感、有担当的人。他在狱中反思自己的行为，并准备重新开始。

重生：程勇出狱后，发现社会已经因为他而发生了改变，药品管理制度得到了改善，更多的患者得到了救治。他看到了自己的行动带来的积极影响，也找到了新的生活方向和目标。

带着觉醒返回：程勇带着他的经历，回归社会。他不再是那个自私自利的保健品商贩，而是一个有责任感和担当的英雄。他用自己的行动影响了社会，改变了许多人的命运。

确实，电影《我不是药神》巧妙地遵循了“英雄之旅”的故事模型，通过程勇的成长和冒险，展现了勇气、责任、友情和面对困难的主题。这也是该电影能够深受观众喜爱并引发社会关注的重要原因之一。那我们在演讲中讲故事，又是如何组织内容结构的呢？不妨用“英雄之旅”的模型，尝试组织一个个人成长的故事。

**玉米给你列清单**
List

| 一个好故事的标准 | | 两个讲故事的结构模板 |
| --- | --- | --- |
| 有逻辑<br>有冲突<br>有价值<br>有共鸣 | and | 7个问题“V字结构”<br>好莱坞的“英雄之旅” |

## 第六节

# 九种幽默，让观众喜笑颜开

一笑解千愁，在演讲中幽默开场，可以让演讲之路畅通无阻。

因为幽默可以拉近与观众的距离，幽默可以化解观众对演讲者的仰视感，真实地呈现演讲者的状态。同时幽默是一种思考方式，用一个独特的、有趣的视角洞察现实中的荒诞。那么怎么拥有幽默感呢？分享九种幽默的表达方式，让观众喜笑颜开。

## 一、反差

“穿什么裤子使得人年轻？我实在想不出来有什么比穿纸尿裤更显年轻的了”，反差就是制造意外感，通过制造意外达到幽默效果。

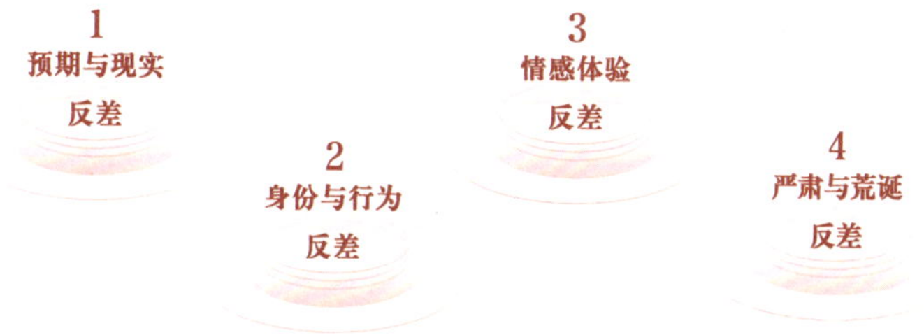


**预期与现实的反差：**先给观众一个预期，然后通过一个出乎意料的结果来打破这个预期，制造幽默效果。例如“每一次我走夜路都好害怕，天这么黑，我又这么好看，真怕别人看不见”。

**身份与行为的反差：**通过将某些行为或言论与某个人的身份或职业相对比，制造幽默效果。例如记者问：“大爷，大娘给您做了一桌子菜，您感动吗？”大爷说：“我不敢动呀，每次都是她先动我才敢动。”

**情感体验的反差：**先给观众一种情感体验，然后通过一个相反的情感体验来打破这个预期，制造幽默效果。例如“打工好累，但我不能哭，因为骑电动车擦眼泪不安全”。

**严肃与荒诞的反差：**将一些严肃的话题或言论以荒诞的方式表

达出来，制造出幽默效果。例如，“站在这里我心中充满了庄重和敬畏，因为我将讨论一个关乎人类未来、青年自信、家庭和谐的极其重要的一场战争 ——发际线保卫战”。

## 二、反语

“同桌的那双眼睛，真是太神奇了！比侦察机还灵，隔着我胳膊的‘崇山峻岭’都能扫描到我的答案。”反语的幽默感主要来自言不由衷、话里有话的表达方式，制造宣泄感，通过字面意思和实际意图之间的反差，形成转折。

“这天气真是太好了，简直就像是在享受免费的桑拿嘛！眼看着我就要被烤熟了。”

## 三、自嘲

比尔·盖茨说：“我很高兴看到今天在座的各位同学都拿到了学位，至少比我容易多了。我想说的是，我值得称道的只有被哈佛的校报称作‘哈佛大学历史上最成功的辍学生’这一点。”

吐槽是把自己的快乐建立在别人的痛苦之上，而自嘲就是把别人的快乐建立在自己的痛苦之上，自嘲可以让观众产生优越感，观众心里的潜台词是，没想到你这么厉害的人也会做出这种蠢事。自嘲表面上是自黑，本质上却是自信，是接纳自己的不完美，敢于把自己的弱点展示出来。

**直接自嘲：**演讲者直接谈论自己的缺点或失败经历，用幽默的方式展现自己的谦虚和风趣。“这么冷的天你才穿这么点儿？”“哎呀，我皮厚嘛。”

**借题发挥：**演讲者利用某个话题或事件，引申出自己的自嘲。这种方式需要演讲者具备较高的联想能力和幽默感。乔布斯在斯坦福大学发表演讲时，开头便自嘲地说：“我今天穿着我唯一一件没有 LOGO 的衣服来到了这里，因为你们可能会认为我是来卖东西的。”这个自嘲不仅展现了乔布斯的幽默感，也拉近了他与观众的距离。

**以退为进：**演讲者先表现出自己的不足或失误，然后以自嘲的方式化解尴尬，拉近与观众的距离。李雪琴在脱口秀中用“我很喜欢社交软件，它有效地避免了社交”来自嘲自己不喜欢社交。

**适度暴露：**选择一些无伤大雅的缺点或经历来自嘲，适度地暴露自己的缺点会让观众感到更加亲近和可信。“记得我第一次站在这么大的舞台上演讲时，腿抖得比筛子还厉害。不过，今天你们看，我已经可以稳稳地站在这里了。当然，心里还是有点小紧张的，但至少腿不抖了，哈哈！”

**逆向思考：**从相反的角度来看待自己的经历或特质，以此来产生自嘲的效果。“我知道我长得不够帅，但如果我长得再丑一点，说不定就能成为那种靠颜值吃饭的人了。”

自嘲关键在于了解自己的特点、优缺点，找到自己经常被人提及的经历，以及既让对方能感觉到优越，自己又无伤大雅的点。

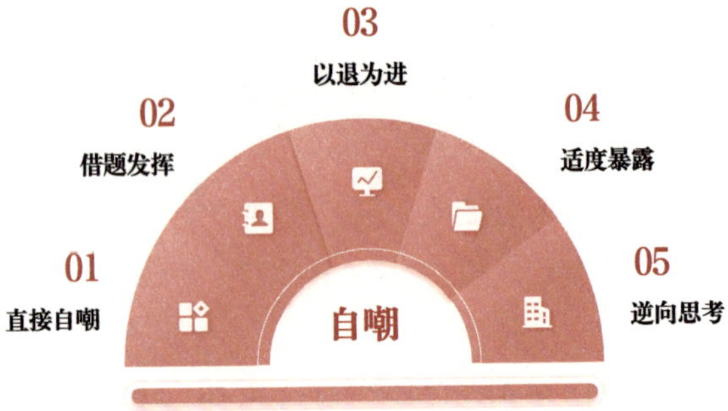


## 四、明嘲

“话说你这几年一点儿变化都没有，怎么你也要当不老妖精吗？”明嘲暗捧，以嘲笑的方式表达，真实意图是夸对方。

## 五、拟人

“妈，我那两件一红一黑的裙子哪去了？咋找不到了？”“别找了，它俩私奔了。”拟人的幽默感，是将非人的事物或抽象概念赋予人的特性、情感或行为。

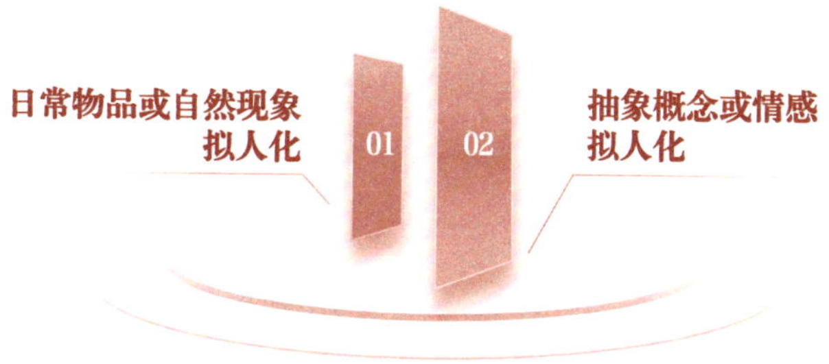


**日常物品或自然现象拟人化：**“你以为你和一个女孩眉目传情，你不知道背后有多少个微信在垂帘听政。”

**抽象概念或情感拟人化：**“拖延症真是太狡猾了，总是在你需要集中注意力的时候跳出来，拉着你的手说‘哎呀，再玩一会儿，明天做也不迟’。”

## 六、夸张

“我心里的花‘嗤儿’一声绽放了。”利用夸张的方式表达幽默，将事物或情况放大或缩小到超乎寻常的程度，以此来制造幽默效果。

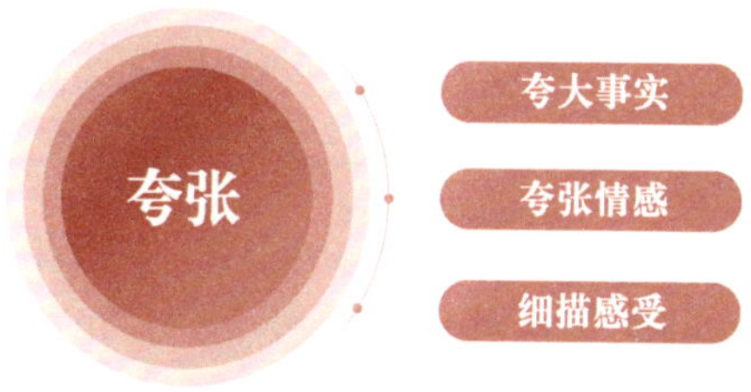


**夸大事实：**“我昨天吃了个超级大的汉堡，简直比我的脸还大！我吃完后感觉自己像个充了气的气球，差点飘上了天。”

**夸张情感：**“我对这个电影的期待简直像山一样高！结果看完

以后，我的失望像海一样深，差点把我淹没。”

**细描感受：**“此时我就是那热锅上的蚂蚁，东一头西一头不知路在何方，那锅热的啊，烫得我的小爪爪生疼。”

## 七、改编

“善有善报，恶有恶报，不是不报，是你这个发票有点问题。”改编是用已有的素材或者情境，重新编排，创造出幽默的效果。不仅展现创造力和想象力，还可以给观众带来欢乐。

“世界那么大，我想去看看。钱包那么小，你能走多远。”

“合久必分，分久必合；喝酒必疯，逢酒必喝。”

“黑夜给了我一双黑色的眼睛，可我却用它来翻白眼。”

## 八、谐音

“当年我背井离乡，全村人再也没喝上一口井水。”“愚公移山唱什么歌？移山移山亮晶晶。”谐音的核心在于巧妙地运用词语发音的相似性，从而创造意想不到的效果。

2023 年电视剧品质盛典中，李雪琴作为嘉宾主持，淋漓尽致地展现了她的幽默风采，6 分多钟的主持中，谐音梗层出不穷，让现场充满欢声笑语。

## 01 巧妙运用词语发音的相似性

## 02 创造意想不到的效果

“……超越最近的好作品确实很多，前段时间拍了《理想之城》，跟赵又廷老师搭档，你就看看，你就得拍这样的，这样的多好，能跟赵老师搭档。你像我们搞喜剧，怎么能和赵又廷扯上关系。我现在跟又廷唯一的关系就是我经纪人天天跟我说：你那个项目又停了……但咱们这儿最年轻的，还得是荣梓杉，梓衫弟弟人家 06 年的，朋友们，太年轻了吧！咱虽说是长江后浪推前浪，你也太后了，要不你跟奚美娟老师学习学习，太后这一块她比较有经验。不得不说影视行业，人才总是更新，这句话主要是为了称赞林更新老师，林更新之前演了一部《请叫我总监》，怎么人家演的都是霸道总裁，到你这儿变总监了呢？这职位升不上去了？……除了《人世间》，《县委大院》也看哭了很多观众，主要是因为里面的工作场景过于真实，追剧的时候老以为自己在加班，要我说你们就是身在福中不知福，我的领导要是胡歌，我天天住单位，你看看我的同事们，张新成、万茜、李光洁三位，是不是有演技还有颜值？这颜值太高了，我算是知道为什么观众管这个戏叫‘电子榨菜’了，因为‘含盐量’过高……《心居》里面，童瑶老师和冯绍峰老师是一对家长里短的 CP，海清老师本来也有 CP，第五集，没了。当时网上粉丝一嗑 CP，就说，哎呀‘嗑死了，嗑死了’，对于别人来说都是比喻，在海清老师这个戏里，确实是从楼上掉下来，磕死了。要说 CP 感最强的剧名是《两个人的世界》，多浪漫，对吧，今天主演就来了一个人，不愧是王珞丹老师，今天确实落单了……”

## 九、移植

“老师讲呀讲，我的大脑‘死’了，不管老师是‘冷启动’还是‘热启动’，我的大脑还是‘黑屏’。”这种移植的方法是将一个原本不属于某个领域或情境的概念或形象，巧妙地引入这个领域，产生意想不到的效果。

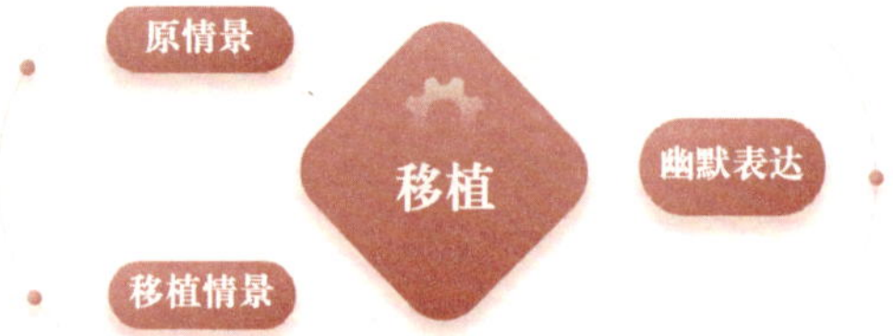


**原情境：**小狗追着尾巴转圈圈。

**移植情境：**谈论忙碌的生活状态。

**幽默表达：**“有时候我觉得自己就像那只追尾巴的小狗，整天忙忙碌碌地转圈，却不知道自己在追什么。直到有一天，我停下来才发现，原来我一直在追的，就是自己的影子啊！”

看到这里，你还觉得自己不是一个幽默的人吗？我想跟你说，幽默可以学习，可以通过训练而掌握。扪心自问，你是不是也觉得，幽默的人走到哪里都会很受欢迎？同样作为演讲者，站在舞台上不仅可以侃侃而谈，还可以笑点频出，这样的演讲怎么会不让人印象深刻呢！

## 玉米给你列清单

List

| | | |
|---|---|---|
| 反差 | 反语 | 自嘲 |
| 明嘲 | 拟人 | 夸张 |
| 改编 | 谐音 | 移植 |

# 第三章

# 五招互动全场，
# 让你营造热烈氛围

## 第一节

# 关键举手，紧紧抓住观众注意力

在一次公开课的现场，下午的第一堂课开始时，我发现台下的观众带着一身疲倦和午后的睡意坐在座位上，用“横七竖八”这个词一点都不为过。这时，我拿起麦克风说：“各位同学，大家下午好呀！请各位同学举起你的左手，再举起你的右手，把双手放在你前面同学的肩膀上，拍拍他的肩膀大声喊一句‘嘿，同学’，然后使劲摇一摇他的肩膀说‘上课了，醒醒’，最后大声告诉他‘我们下午继续加油，你是最棒的’。”顿时，会场现场的气氛变得好起来，大家也从困意中走出来，在欢声笑语里开始了下午的课程。

在演讲中，举手不仅仅是一个简单的动作，它还是一种与观众互动、抓住其注意力的有效方式。同时举手在不同的时机使用，也会有不同的效果。

比如举手是自信的表现，当你站在舞台上，大胆地举起手来，就像是向全世界宣告你的立场和观点，这种自信可以感染到观众，让他们更加信任你。

比如举手可以有效与观众互动，当你在演讲时，请观众举手回答你的问题，会让观众更加有参与感。

比如举手的行为可以是游戏中的一个标志性动作，在玩游戏时进行举手表决，一个小动作就可以有效推动游戏进程。

……

总之，举手这种在演讲中的互动方式，非常巧妙，也非常灵活。接下来就让我们一起探讨如何巧妙地运用举手，紧紧抓住观众的注意力，提升演讲的魅力与影响力吧。

## 一、举手传递信念

当你想传达某种信念，或者自己在演讲中的激动、感慨等情绪时，可以举手，用这个动作传达信念和态度，从而影响观众，带动观众的情绪。

例如：纳尔逊·曼德拉在被囚禁27年后获释，随后他发表了出狱的首次公开演讲。他站在南非的立法大厦前，面对着数万名观众，高举双手，表达着自由和解放的喜悦。这个举手动作具有深刻的象征意义，它传递出曼德拉对自由和平等的坚定信念，也激发了观众的信心和希望。通过这个简单的动作，曼德拉展现了无畏的精神和坚强的意志，激励着人们为正义而奋斗。

当你想传递如“勇敢、成功、加油、骄傲……”等情感或观点时，可以高高地举起你的手，大胆传递。

## 二、举手参与互动

当你需要与观众进行互动时，让观众举手示意，就可以顺利地让观众参与到演讲中。

例如：

**激发兴趣式：**“各位朋友，你们是否曾有过这样的经历或感受？如果答案是肯定的，那就请举起你们的手，让我看到你。”

**鼓励参与式：**“在接下来的环节，我希望能够听到大家的声音。请愿意参与互动、分享观点的朋友们，大胆地举起你们的手吧！”

**认同确认式：**“我刚刚提到的观点，如果大家都认同，那么请举起手来，让我看到你们的支持。”

**提问式话术：**“请问在场的朋友，有没有谁对这个问题有疑惑或想要提出自己的观点？请举手示意。”

**情感共鸣式：**“我知道在场的每一位都有自己的故事和感受。那么，请那些愿意分享自己故事的朋友们，举起你们的手吧！”

这些情况不仅能够帮助演讲者有效地引导观众参与互动，还能够增强演讲的趣味性和互动性，使观众更加积极地参与到演讲中来。同时，这也是一种对观众尊重和关注的表现，能够让观众感受演讲者的真诚和热情。

## 三、举手提出问题

演讲者可以设置一个互动问答环节，让观众举手提问。这种方式可以让观众更加积极地参与到演讲中来。

例如：有一次我正在声情并茂地讲授课程时，发现正在讲述的这个内容引起了同学们的浓厚兴趣。于是我稍微停顿了一下，马上把主动权给到同学们，微笑着跟大家说：“从大家的眼神中，我发现大家对这个问题应该有自己独到的见解或者疑问。那么，请大家举手提问。”话音落下，果然同学们开始陆续举手提出问题。

其实到这里，已经达到了互动的效果，接下来演讲者只需要逐一解答观众的提问就可以了，现场的氛围已经变得十分融洽了。这样不仅能激发观众的参与热情，还能让演讲者更好地了解观众的需求。

## 四、举手选择答案

演讲者可以提出一些选择性的问题，让观众根据问题的选项举手示意。这种方式可以快速了解观众的观点和态度，能够调动观众参与的积极性并收集他们的即时反馈，增强互动效果。

例如：

**直接引导式：**“现在，我给大家两个选项，请大家根据自己的判断来选择。认为答案 A 正确的，请举左手；认为答案 B 正确的，请举右手。让我们看看哪个选项更受欢迎！”

**激发兴趣式：**“这个问题有点意思，我想看看大家的想法。觉得答案应该是这样的，请举左手；有不同看法的，请举右手。让我们一起揭晓答案吧！”

**情感共鸣式：**“我相信每个人对这个问题的答案都有自己的情感倾向。觉得应该选 A 的，请举左手，我们一起感受那份坚定；觉得应该选 B 的，请举右手，让我们一起体验那份独特。”

**激发好奇式：**“现在，我要问大家一个有趣的问题。你们猜猜看，答案会是 A 还是 B 呢？觉得是 A 的朋友举左手，觉得是 B 的朋友举右手。让我们一起揭晓这个谜题的答案！”

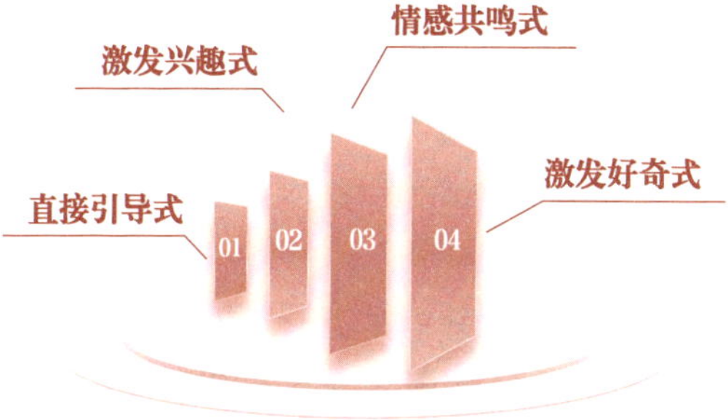


这些方式都能够有效地引导观众举手选择答案，并在选择过程中激发他们的参与热情。同时，演讲者也可以通过观察观众的举手情况，了解他们的观点和倾向，从而更好地调整自己的演讲内容和方式。

## 五、举手表决问题

演讲者可以提出一些简单的表决问题。

例如：“接下来，希望大家可以举手表决。根据自己对这个问题的理解和感受，来决定是否支持我们的提案，支持、请举手。”

## 六、举手表达意见

演讲者可以让观众通过举手来表达他们对某个话题或观点的意见或态度。这种方式可以让演讲者更好地了解观众的感受和想法。

例如：“在你们看来，什么是生活中最重要的事情？请举手告诉我。”“如果你们有机会改变世界，你们会首先改变什么？”作为演讲者，在说这句话的时候，自己也要顺势举起手，以示意观众可以举手表达意见和观点。

## 七、举手参与游戏

演讲者设计一些简单的游戏，让观众通过举手参与游戏。

例如：猜数字游戏。

演讲者：“好的，现在我们来玩一个猜数字的游戏。我已经悄悄写下了某个 1 到 100 之间的数字，大家可以举手猜一猜。谁想先尝试一下？”

（等待观众举手，选择一位观众。）

演讲者：“好的，这位朋友，你觉得是多少？”

（观众给出答案后，演讲者根据答案给出提示，如“太大了”“太小了”等，然后继续邀请其他观众举手猜测，直到有人猜中为止。）

通过游戏营造轻松愉快的氛围。

以上是我们在不同的时机，有不同的目的，通过举手互动让演讲现场互动感十足的方法。同时，通过关键时期的举手互动，可以紧紧抓住观众的注意力。

### 玉米给你列清单
List

**举手传递信念**
**举手参与互动**
**举手提出问题**
**举手选择答案**
**举手表决问题**
**举手表达意见**
**举手参与游戏**

## 第二节

# 巧妙提问，有效提高观众参与度

在一次公开演讲中，埃隆·马斯克谈论了他对未来交通方式的设想，特别是关于他的公司特斯拉（Tesla）正在研发的自动驾驶技术。他首先向观众抛出了一个引人深思的问题："你们认为，未来的交通方式应该是怎样的？是继续依赖传统的汽油车，还是寻找更加环保、高效的替代方案？"

这个问题立刻引发了观众的思考和讨论。许多人开始积极表达自己对未来交通方式的看法。

马斯克接着说："我相信，未来的交通方式应该更加智能化、高效化，同时也要更加环保。这正是特斯拉一直致力于研发自动驾驶技术的初衷。"

他进一步提问："那么，你们觉得自动驾驶技术会给我们的生活带来哪些改变呢？是更加便捷的出行体验，还是减少交通事故的发生？"

观众再次被这个问题所吸引，纷纷举手发言，分享自己的看法。

马斯克认真听取了观众的意见后，继续阐述特斯拉在自动驾驶技术方面的进展和对未来的规划。他通过提问的方式，不仅引导观众思考未来交通方式的发展方向，还激发了观众对特斯拉技术的兴趣和好奇心。

在整个演讲过程中，马斯克不断地提出问题，与观众进行互动，使得演讲内容更加生动、有趣，同时也让观众更加深入地了解了他的思想和观点，这就是提问的魅力。

一般提问有三大类：开放式提问、封闭式提问、开放式提问＋封闭式提问。

## 一、开放式提问

开放式提问需要观众提供详细的解释或者描述，通常会激发观众对问题的思考，有利于演讲者获取更多的信息和观点。开放式提问分为正面提问、反问提问、明知故问。

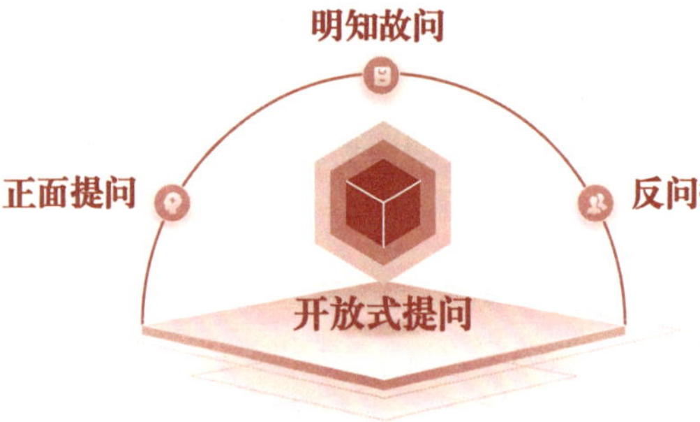


### 1. 正面提问

你能和我分享你最近学习的感受和想法吗？

你对未来有哪些期许呢？

在生活中什么让你感到最有意义呢？

这些问题都是以积极、肯定的态度提问，让对方表达看法。这种提问方式可以鼓励观众分享积极的经验和感受，促进积极的对话和互动。

### 2. 反问提问

难道你不认为这个政策应该得到支持吗？

难道你不觉得这个解决方案不够完美吗？

难道你不认为这个项目的进展非常顺利吗？

反问提问是一种通过反问句的形式来表达某种观点或态度的方式。这种提问方式可以引起观众的思考，并促使他们表达与提问者相同的观点或态度。

### 3. 明知故问

我不太确定这个问题的答案，你能帮我确认一下吗？

我对这个观点有些困惑，你能再详细解释一下吗？

我对这个案例不太熟悉，你能给我介绍一下吗？

明知故问的提问可以用来引导对话，让观众更深入地解释某个概念、步骤或观点，以便更好地理解他们的想法和观点。

## 二、封闭式提问

封闭式提问通常是回答“是”或“否”的问题，或者只需要短暂回答，这种问题有利于演讲者迅速获取信息。封闭式提问分为肯否问题和选择问题。

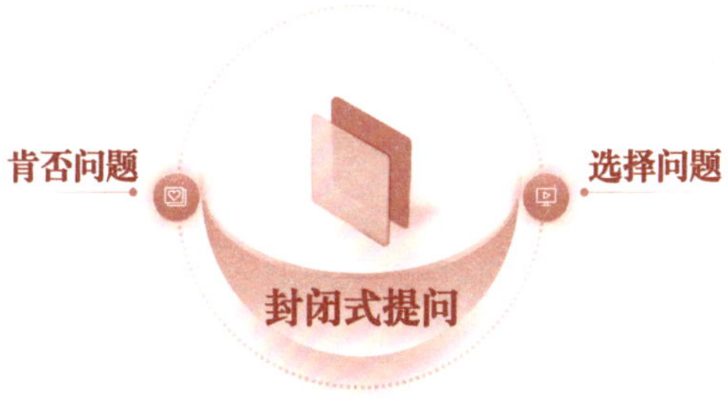

### 1. 肯否问题

比尔·盖茨在一次关于科技发展的演讲中曾这样提问:“我们是否准备好，迎接一个由智能机器主导的未来?我们是否准备好，在这个充满无限可能的新时代里，重新定义我们与机器的关系?我们是否准备好，用我们的智慧和勇气，去驾驭这场科技革命的风暴?”通过这一连串排比的封闭式提问，比尔·盖茨引导观众深入思考科技发展的深远影响，以及我们作为人类应该如何应对这一挑战。

奥普拉·温弗瑞在探讨社会问题时，经常使用排比句式来提问。例如，她在谈论种族问题时曾问:“我们能否摒弃肤色的偏见，真正看到一个多元而平等的社会?我们能否超越种族的界限，共同创造一个和谐共处的世界?我们能否用爱和包容，去化解历史上的仇恨和分歧?”奥普拉·温弗瑞通过排比的封闭式提问方式，强调了种族问题的复杂性和紧迫性，同时也表达了她对于社会进步的坚定信念。

### 2. 选择问题

你认为这个选项 A 好还是选项 B 好?

你更倾向于选择这个品牌还是那个品牌?

你觉得这个方案更合适还是那个方案更合适?

这些问题都提供了两个或多个选项，让观众在给出的选项中选择一个。这种问题可以鼓励观众在有限的选择范围内表达自己的偏好或态度。

## 三、开放式提问 + 封闭式提问

封闭式提问和开放式提问相结合的方式，有利于演讲者灵活提问，既可以促进观众主动思考，展开一些简单问题的探讨，也可以在关键信息处引导观众的思考方向，让观众更有序地参与到演讲中。

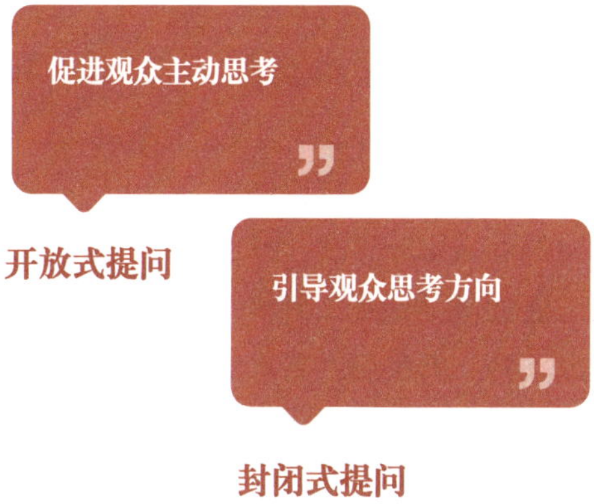


奥巴马在演讲中经常运用提问的方式与观众互动，以此拉近与观众的距离，并引发其思考。例如，他在谈论教育改革时曾提问：“你们认为，我们的孩子应该接受怎样的教育？是填鸭式的应试教育，还是注重创新和批判性思维的教育？”前者用开放式提问，让观众进行自我思考，后者用封闭式提问，引导观众思考的方向。

在演讲中采用提问的方式，让观众进一步参与到演讲中，演讲者和观众融为一体，本身这是非常棒的一种方式，当然如果有些细节没注意，也会让演讲效果大打折扣，甚至会让演讲失控。

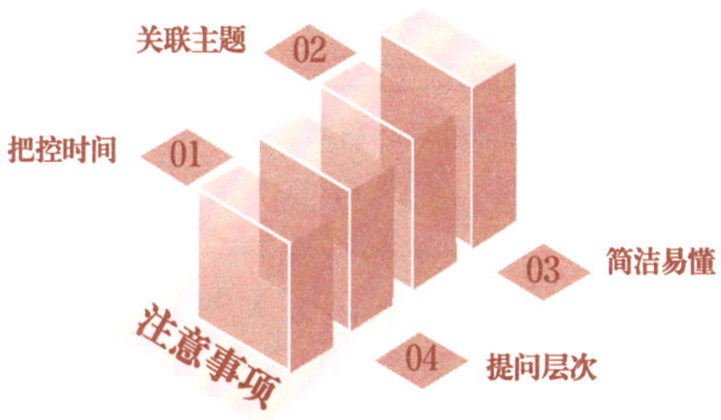

首先，任何一场演讲一定有时间的限制，所以当我们用提问来互动的时候，就要注意，特别是开放式提问时，观众对问题的看法是我们无法把握的，那么就必须在自己时间可控的情况下慎重选择提问方式。

其次，提问要关联主题，避免提出与演讲内容无关的问题，以免让观众感到困惑或失望。

与此同时，还要简洁易懂，避免使用过于复杂或模糊的词汇，避免让观众难以回答。有些演讲者喜欢故作高深，问一些行业专有名词，甚至是听起来很高级的词汇，却忘记了提问的本质是互动。观众连问题都听不懂，又如何与你互动起来呢？

最后，提问要有层次，根据观众的认知水平和理解能力，从简单到复杂，逐步引导他们深入思考。也可以让观众逐步进入演讲中，以获得更好的参与感和体验感。

### 玉米给你列清单
List

**第一：开放式提问**

**正面提问　反问提问　明知故问**

**第二：封闭式提问**

**肯否问题　选择问题**

**第三：开放式+封闭式**

第三节

# 刻意引导，潜移默化令全场跟随

没有观众参与的演讲，就是演讲者的一场自嗨。想要让全场都跟随你的节奏，你需要明里暗里、无时无刻地关注观众，并刻意引导，潜移默化地让观众参与到演讲中。

分享四种好用的引导方式。分别是问头问尾、重复要点、大喊口号、小组讨论。

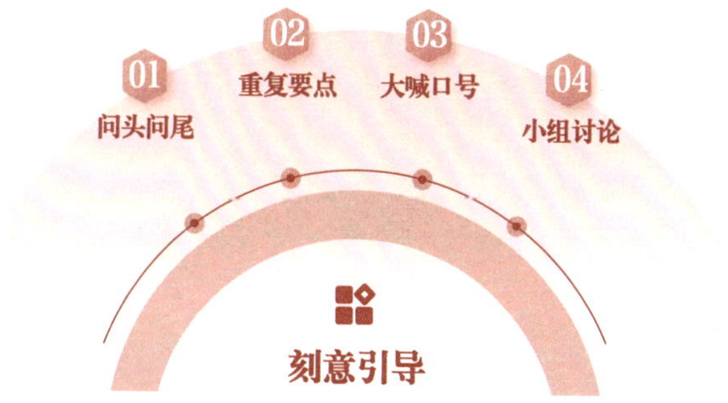


## 一、问头问尾

问头问尾的引导方式，实际上是通过设置悬念，激发观众的好奇心，促使他们主动思考和参与。演讲者问：“岁月流转，历史长河奔涌不息，我们是否还记得那句古训——修身齐家？”

演讲者在此处暂停，等待观众主动接出下一句“治国平天下”。通过这样的方式，演讲者不仅与观众形成了良好的互动，还巧妙地引导观众思考个人修养与家庭、国家、天下之间的关系，进一步深化了演讲的主题。同时，这种问头问尾的引导方式也增加了演讲的趣味性和吸引力，使观众更加投入地参与到演讲中来。

## 二、重复要点

重复要点的引导方式是不断强调要点，潜移默化引导观众对要点加深印象。

演讲者说：“无论是研究领域的深入探索，还是技术创新的不断突破，都需要我们心无旁骛地投入其中。因为专注……”观众回答：“所以专业。”

演讲者说：“无论是艺术创作的灵感迸发，还是音乐演奏的细腻表达，都需要我们倾注全部的热情与才华。因为专注……”观众回答：“所以专业。”

演讲者说：“无论是体育赛事的激烈竞争，还是职业技能的精湛磨炼，都需要我们持之以恒地付出努力。因为专注……”观众回答：“所以专业。”

这种就是引导观众重复要点的方式。演讲者不仅可以确保观众对演讲的核心内容有深入理解，还可以增强演讲的连贯性和逻辑性，使演讲更具说服力。

除此之外，重复要点的方式还有：

**直接重复要点：**“我不得不再次强调，我们面临的主要问题是资源短缺。所以，主要问题是什么？”等待观众回答：“资源短缺。”

**用提问方式重复要点：**“以上我们重点讨论的话题是什么？”等待观众回答：“团队合作。”

**总结性重复要点：**“在今天的演讲中，总共给大家分享了三个核心观点，第一……第二……第三……”分别等待观众回答三个核心观点。

**故事性重复要点：**“大家还记得我开始讲的那个故事是关于什么主题的吗？”等待观众回答。

## 三、大喊口号

在演讲中，演讲者常常通过引导观众大喊口号的方式来提高互动，使演讲氛围更加热烈，观众更加投入。

举例：大家还记得电影《西虹市首富》中王多鱼宣布脂肪险的那个经典片段吗？他拿个大喇叭，站在公众和一批记者面前，背后用白布蒙上了像山一样高的人民币。

然后，王多鱼开始了句句戳心窝子的演讲：“Hello，大家好，我是王多鱼，一位大器晚成的富二代，最近我很痛苦，即便我每天都在拼命花钱，没日没夜挥霍，绞尽脑汁琢磨怎么去败家。但是我的钱呢，就像有繁殖能力一样，越花越多，它们把我整个人都抽空了，只给我留下了一副英俊的皮囊，今天我就让你们见识见识，20 亿元现金是多大的一座山！瞅我来气不？”观众：“来气！”王多鱼：“大点声，来不来气？”观众：“来气”。王多鱼：“好极了。我讨不讨厌？”观众：“讨厌。”王多鱼：“我烦不烦人？”观众：“烦人。”王多鱼：“我欠不欠揍？”观众：“欠揍。”

……

王多鱼：“你们想不想让我倾家荡产？现在，你们的机会来了。我向大家隆重介绍，我们最新推出的保险项目——脂肪险。花 1 块钱为脂肪上保险，我们以每克脂肪1块钱进行赔付……请保持愤怒，燃烧多余脂肪，让王多鱼倾家荡产。让王多鱼？”观众：“倾家荡产。”王多鱼：“让王多鱼？”观众：“倾家荡产。”王多鱼：“让王多鱼？”观众：“倾家荡产。”

……

通过王多鱼层层递进的提问，在最后连续三次引导观众大喊“倾家荡产”的口号后，把整个演讲推向了高点，掀起了演讲的高潮。

## 四、小组讨论

通过引导小组讨论的方式提高观众的参与度和互动性，使演讲内容更加深入人心。

举例：有一次我在讲解关于团队合作的重要性时，提出了一个具有挑战性的问题：“在面对复杂的工作任务时，如何有效地发挥团队合作的力量，确保任务顺利完成？”然后将观众分成6个小组，鼓励观众在小组内积极讨论，分享自己的见解和经验，共同寻找问题的答案。在小组讨论的过程中，我会不断在各个小组之间走动，倾听他们的讨论内容，并给予适当的引导和反馈。当小组讨论结束后，邀请每个小组的代表上台分享他们的讨论成果。这时每个小组都会给出不同的答案和建议。

通过这种方式，可以成功地引导观众参与小组讨论，观众通过亲身参与，不仅能更深入理解团队合作的重要性，而且能让演讲更加生动有趣。

### 玉米给你列清单
List

**问头问尾**
**重复要点**
**大喊口号**
**小组讨论**

## 第四节

# 设计体验，巧妙制造深刻记忆点

在一个阳光明媚的日子里，我怀着轻松愉悦的心情，应邀参加朋友的婚礼，当我走进婚礼现场时，立刻被粉嫩的鲜花和白色法式烛台所包围；一股沁人心脾的花香袭来，让空气中充满着甜甜的味道；音响里传来一首浪漫的《告白气球》，轻快幸福的音乐让人不知不觉地摇晃、哼唱起来，让人仿佛置身于梦幻的粉红色童话世界之中。

婚礼正式开始前，大家坐在座位上满是期待。突然整个宴会厅一片漆黑，停顿了 3 秒钟后，随着轻缓的音乐响起，从舞台到整个宴会厅，跟随着音乐的节奏亮起一束束白色的、粉色的、橙色的灯光……或快或慢、或远或近、或强或缓……有节奏地在空中舞蹈着，欢快着，直到音乐结束，灯光秀结束。一束追光，随着主持人的脚步缓缓移动，主持人站在舞台上，面带幸福的笑容跟大家问好。

一场浪漫而有趣的婚礼仪式就此拉开帷幕。新人在万众瞩目中走上舞台，手拿誓言本宣读爱的告白，伴娘带着大家的祝福送上幸福的戒指……所有人举起酒杯共同欢祝，年轻的未婚男女上台争抢新人爱的手捧花，新人在大家热烈的掌声中幸福退场……

回想你参加过的婚礼，是不是总会给你制造一些深刻的记忆点？从新人内心出发，他们希望大家成为自己爱情的见证，希望给大家都留下一个印象深刻的婚礼体验，于是就要婚礼策划团队和主持人从不同维度帮助新人实现。

从主持人的角度来看，作为全场的引领者，在短短的半个小时内，如何带领新人与全场来宾巧妙互动呢？

| | |
|---|---|
| 创造沉浸式体验 | 如浪漫的布置、动人的音乐、梦幻的灯光、新人动人的幻灯片故事…… |
| 设计互动游戏 | 如红包游戏、美好寓意的猜谜游戏…… |
| 利用道具和实物 | 如有仪式感的誓言本、代表爱情的戒指、香槟、交杯酒、蛋糕…… |
| 角色扮演和模拟 | 证婚人、主婚人、金童玉女…… |
| 情感引导 | 如每一个环节衔接时主持人的引导，讲述新人的浪漫爱情、讲述恩大于天的双方父母，甚至一个手捧花的美好意义…… |
| 现场调查和投票 | 如请新郎新娘的同学朋友来现场爆料、调查现场未婚的男女，请他们上台抢手捧花…… |
| 多种感官体验 | 如除了你看到的每一个造景设计、你听到的每一首歌，还有你嗅到的现场的香氛、你喝到的那一口举杯同庆的香槟酒、你摸到的带着磨砂质感的喜糖盒…… |

同样地，作为一位演讲者，是不是也可以采用婚礼中的体验方式来和观众互动，巧妙地制造记忆点呢？答案是肯定的。

## 一、创造沉浸式体验

通过使用多媒体、音效、灯光、现代技术等手段，创造一个沉浸式的演讲氛围，让观众感受到演讲主题的情境和情感。

比如，有一位环保主题的演讲者，为了增强观众环境保护的紧迫感，在演讲中通过高清大屏幕展示了地球被污染、动物濒临灭绝等触目惊心的画面，同时配合音效和灯光，营造一种沉重而紧迫的氛围。观众仿佛置身于一个被污染的世界，深刻地感受到了环保的重要性。

还有一位科技领域的演讲者，让观众通过佩戴 VR 眼镜，仿佛穿越时空进入了一个充满未来科技的世界。在这个世界里，观众可以亲自体验最新的科技产品，感受科技带来的便捷和惊喜。他利用虚拟现实技术为观众带来了一场前所未有的沉浸式体验。这种身临其境的体验让观众对科技产生了浓厚的兴趣。

## 二、设计互动游戏

设计与演讲主题相关的互动游戏，让观众参与其中。游戏可以激发观众的兴趣，增加参与度，同时也可以帮助演讲者更好地传达信息。

在一个名为“如何培养和塑造积极反应”的演讲中，演讲者为了有效地引入反应主题，设计了一个“武松打虎”的游戏。请全体人员在一个足够围城圈的场地，身后放一把椅子，演讲者会描述一段文字，当念到“虎”时，迅速坐下，未做出反应者淘汰，反应错误者淘汰，跟随他人反应者淘汰，淘汰者表演节目。

“话说《水浒传》有一打虎英雄，名曰武松，此人虎背熊腰，虎头虎脑、两只虎眼，虎视眈眈。一日，他来到景阳冈下，进了一家酒馆，叫酒保要了一坛“虎骨酒”，喝了十八碗后，便要上山，这时，被酒保拦住，告之：此山中有数只老鼠（拖长“老”音有人就会上当），还有一只老（拖长“老”音有人就会上当）虎，劝他莫进此山。那武松……”

## 三、利用道具和实物

利用道具和实物来展示演讲内容，让观众更加直观地了解演讲的主题。比如，可以使用模型、图片、样品等来辅助演讲。

在一次环保主题的演讲中，演讲者设计了一个模拟垃圾分类的互动环节。他准备了几个垃圾桶和不同类型的垃圾卡片，邀请观众上台进行分类。观众在参与游戏的过程中，不仅能够更加深入地了解垃圾分类的重要性和方法，还能通过实际操作加深对环保知识的理解和记忆。

## 四、角色扮演和模拟

让观众参与到角色扮演和模拟中来，亲身体验演讲主题的相关情境。这种方式可以让观众更加深入地理解演讲内容，增加互动性和参与度。

在一个亲子关系的主题分享中，演讲者请台下的三组观众分别上台扮演爸爸、妈妈和孩子的角色，请三组观众分别演绎关于孩子期末考试不及格的问题，进行真实角色模拟。

模拟结束后，演讲者引导观众讨论在模拟过程中出现的问题和挑战，以及这些问题所反映的亲子关系的核心话题。比如：如何与孩子有效沟通、如何平衡关系和自由、如何跟孩子共同面对困难和挑战等。

最后演讲者总结观点，并给出具体的方法和建议。以上这样的演讲设计，观众不仅能够通过角色扮演和模拟深入体验亲子关系的复杂性和多样性，还能增强参与感和体验感，让演讲者的演讲内容深入人心。

## 五、情感引导

通过引导观众的情感，让他们更加深入地体验演讲的主题。可以借助感人的故事、情感化的语言营造等方式来实现情感引导。

我记得在很多年前，一个励志演讲家来我们学校进行感恩父母的演讲，他先是讲了韩红《天亮了》这首歌背后的故事，然后请所有同学和家长闭上双眼，只听到麦克风里传来他的声音："你的妈妈也许温柔，也许软弱，也许不讲理，但不管她认识你多久，她不懂你都是正常的，因为她一辈子都生活在她的圈子和阶层里，她没机会见你见过的世界，没机会体验你有幸体验的人生。所以，你应该努力变优秀，并对她有耐心，然后带她去见识更大的世界，而不是站在她有限认知的外面，指责她的无知和狭隘。同样地，你的爸爸之所以每天看起来都愁容满面，说话也无聊乏味，是因为他一睁开眼睛，周围都是要依靠他的人，却没有他可以依靠的人。曾经在你眼里是能够搞定所有麻烦的英雄，可如今，他的超能力貌似消失了。你也终于明白，超人其实还是人，也有搞不定的、卑微的、内疚的、遗憾的事情，他之所以还能挺住，是因为他必须以'父亲'的名义站在那儿……他们为你操劳了一辈子，他们担心你搞不定生活，担心你做不好大人，担心你工作上偷懒犯浑，担心你感情上被骗、被欺负……所以只要还活着，他们对你的担心就没办法停下来……不要紧盯着父母与生俱来的不完美，去了解他们是如何在外面打拼的，去看看他们是如何卑微地向这个世界低声下气的，时间夺去了父母的青春，让他们的身体衰老、观念落后、记忆减退，甚至会变得邋遢，不能自理，但你千万不要忘了，他们的青春都花在了谁的身上……”

这一大段旁白进行时，加上背景音乐里放着韩红的那首《天亮了》，以及身边同学若隐若现的啜泣声，让你整个人开始微微出汗、颤抖、眼泪止不住地流下来。直到整个演讲结束，大家睁开双眼，第一个动作就是面对父母失声痛哭，紧紧地拥抱在一起。

演讲者实现了感恩演讲的有效引导，现场互动的效果极好。

## 六、现场调查和投票

通过现场调查和投票的方式了解观众的观点和态度。这种方式可以激发观众的参与热情，同时也可以为演讲者提供更加精准的数据和反馈。

《奇葩说》这个节目之所以精彩，除了辩手们拍案叫绝的辩论以外，还有现场观众投票的方式极大地增强了节目的互动性和参与感。观众不再只是被动地观看节目，而是能够实时地参与到辩论过程中，通过自己的投票来影响辩论的走向和结果。

如果在演讲中，我们针对某个观点，现场调查观众的意见，采用投票等相似的方法，请观众参与进来，无疑能够激发观众的热情，使他们更加投入地关注节目内容，从而提高演讲的互动性和影响力。

## 七、多种感官体验

多种感官体验指的是：视觉、听觉、嗅觉、味觉、触觉五种感觉。除了我们常用的视觉和听觉，还可以利用嗅觉、味觉、触觉，增加与观众的互动性，让观众有不一样的演讲体验。

在一个自然主题的演讲中，在演讲的某个环节，演讲者事先准备了一些小型喷雾瓶，里面装有森林中常见的花草提取液。当演讲者讲述到森林中的花香时，轻轻按下喷雾瓶，让淡淡的花香弥漫在会场中。这样，观众不仅能听到演讲者的描述，还可通过嗅觉真实地感受到森林的气息，仿佛置身其中。

不同的体验能够打破传统演讲的单调形式，为观众带来新鲜感和刺激感。演讲者创造了一个多维度、全方位的互动空间，使观众在参与过程中获得更加丰富的感受。这种多元化的体验有助于吸引观众的注意力，提高他们对演讲内容的兴趣和参与度。

此外，设计不同的体验还能促进观众与演讲者之间的情感联结。当观众在参与互动的过程中感受到演讲者的热情、真诚和专业时，他们更容易对演讲者产生信任和好感。这种情感联结有助于营造良好的演讲氛围，使观众更加愿意倾听和接受演讲者的观点和建议。

优秀的演讲体验能够激发观众的兴趣，引导他们主动参与和互动。所以，一个成功的演讲体验能够让观众在离开会场后，依然回味无穷，期待下一次的相聚。

### 玉米给你列清单
List

**创造沉浸式体验**
**设计互动游戏**
**利用道具和实物**
**角色扮演和模拟**
**情感引导**
**现场调查和投票**
**多种感官体验**

## 第五节

# 带动掌声，随时创造热烈的气氛

“那一刻，时间仿佛静止了，只剩下那连绵不断的掌声在回荡，那是对演讲者最高的礼赞。”是的，在演讲中掌声不仅能够表达观众对演讲者的赞赏和认同，同时学会“要掌声”也是演讲互动的一种重要方式。它能够营造积极热烈的氛围，让整个演讲更加生动有趣，让观众更有参与感。

记得有一次，我参加一个公司的年度会议。在会议上，一位年轻的演讲者走上台，开始了他精心准备的演讲。演讲快结束的时候，他突然停了下来，向观众说：“各位，我想在这个特别的时刻，向我团队的每一位伙伴表达我的感谢。因为你们的支持和努力，让我们取得非凡的成绩。同时我想邀请大家用热烈的掌声送给我团队的每一位伙伴，你们辛苦了。”他的话音刚落，全场立刻响起了热烈的掌声，这个“带动掌声”的行为也让整个演讲达到了高潮。

如何在演讲中恰当地要掌声呢？在接下来的章节中，我将详细介绍在演讲中要掌声的技巧和方法，包括“鼓掌对象、鼓掌时机、幽默鼓掌、注意事项”四个部分，帮助你更好地与观众互动，提升你的演讲效果和感染力。

## 一、鼓掌对象

每一次掌声都有目的，也都有对象，平白无故地要掌声，会显得格外突兀。那么我们的掌声一般情况下会给到哪些对象呢？

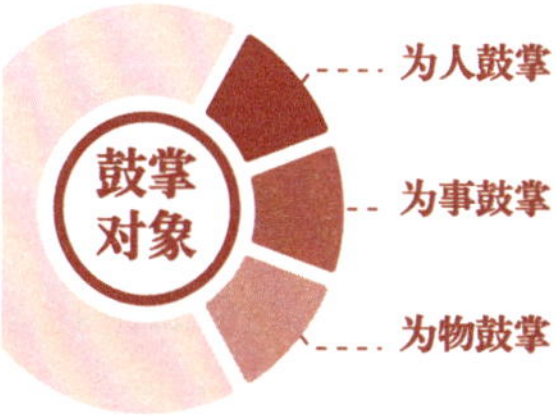


### 1. 为人鼓掌

在一场演讲中，我们的掌声可以以台上的人、台下的人、后台的人为对象，去带动大家鼓掌。

**台上的人，**一般有老师、主持人、嘉宾、分享者、自己，等等。比如：“让我们把最热烈的掌声送给 ×××，感谢他带来的精彩演讲！”

**台下的人，**一般有同伴、同学、观众，等等。比如：“把掌声送给前后左右的同学们，感谢大家共同营造了一个融洽的学习环境。”

**后台的人**，一般有主办方、主人、负责人、会务组织人员，等等。比如："请大家用热烈的掌声，感谢 ×××！"

### 2. 为事鼓掌

除了为人鼓掌，还可以为事鼓掌，如活动、主题、现场发生的某件事，等等。比如："让我们用掌声预祝明天的活动圆满成功。"

### 3. 为物鼓掌

在演讲中，如果你细心观察，会发现很多值得关注的小细节。现场的一些物体其实也可以成为我们带动掌声的载体，精心准备的道具、漂亮的舞美、独特的环境，等等。比如："大家有注意到一个小的细节吗？因为我们这期课程采用室内体验互动的方式，所以要求每一位进来的同学要换上一次性鞋子。所以大家会按顺序把自己的鞋子放置在门外，可是我们下课后出去换鞋，有没有发现所有同学的鞋子都摆放得整整齐齐，并且鞋子都换了一个朝向，为了方便我们有更顺的方向来换鞋子。这个真的让我特别感动，让我们把掌声送给所有的会务人员，谢谢你们。"

## 二、鼓掌时机

在演讲中，要适时适当地带动掌声，达到互动的效果，什么时候是适时适当的呢？那就是找到对象后，还要有一个合适的理由，如常用的有：欢迎、感谢、赞美、共情、祝福等，都是合适的理由，此时带动掌声的效果是最好的。

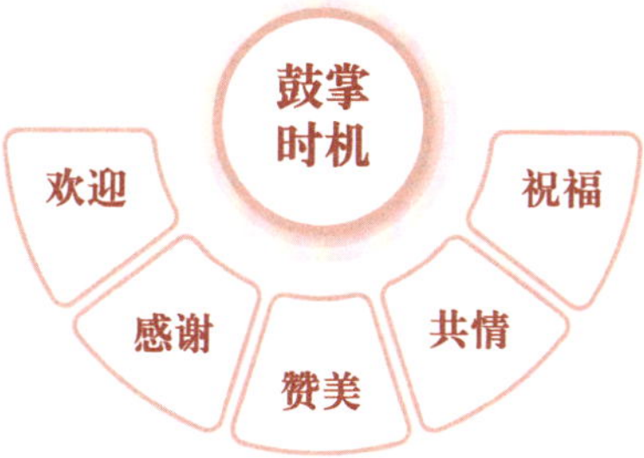


### 1. 欢迎

欢迎嘉宾或领导上台时，可以适时地带动鼓掌，表达对他们的尊重和欢迎。

**直接请求：**“请大家用热烈的掌声欢迎张总上台。”

**描述感受：**“此时此刻，我感到非常荣幸和激动，能够与大家在这里相聚，并且有机会站在这里分享，请大家给我一些掌声好吗？谢谢大家的鼓励。”

**引用名言：**“正如那句老话所说：‘有朋自远方来，不亦乐乎。’在这个特别的时刻，请大家用掌声表达对所有来宾的欢迎之情。”

### 2. 感谢

在表达感谢时鼓掌是一种积极、热烈、真诚的表达方式，能够传递对对方的尊重、认可和感激之情，营造一种积极、热烈的氛围，同时也是一种基本的社交礼仪。

**直接请求：**“非常感谢大家的聆听，请大家再次用掌声表达对 ××× 的支持和认可。”

**描述感受：**“在这个特别的时刻，我想表达对所有支持我们的人的感谢。你们的支持和鼓励是我们前进的动力。谢谢大家的支持和认可。”（讲完要停顿，一般情况就会有掌声）

**引用名言：**“在面对复杂的工作任务时，如何有效地发挥团队合作的力量，确保任务顺利完成？‘单丝不成线，独木不成林’，感谢团队所有的成员，是大家共同的努力，让我们发挥了团队的力量，保证任务的圆满完成，让我们把热烈的掌声送给团队所有成员。”

### 3. 赞美

在精彩瞬间时，可以适时地鼓掌，以表达欣赏和肯定。

**直接请求：**“这位选手的表现真是太出色了！请大家用掌声表达对他的赞美和敬佩。”

**描述赞美内容：**“这位同学的表达真是太精彩了！他的观点清晰、逻辑严密，让人深受启发。请大家把掌声送给他。”

**引用名言：**“‘赞美使人进步。’在这个特别的时刻，请大家用掌声表达对这位选手的赞美和敬佩。”

### 4. 共情

表达共同情感时，可以适时地鼓掌。

**直接表达共鸣：**“我非常理解大家此刻激动的心情，这是我们全体人员的共同努力。请大家用热烈的掌声为自己鼓掌。”

**描述共鸣的感受：**“我感到我们在这个时刻是在一起的，我们都为这个共同的目标而不懈努力着。现在，请大家用掌声为彼此加油鼓励。”

### 5. 祝福

表达祝福时，可以适时地鼓掌，表达美好祝愿。

**直接请求：**“请大家用掌声祝福所有人，愿我们的生活充满喜悦和幸福。”

**描述场景：**“让我们想象一下，我们都在一个美丽的花园里，阳光明媚，鲜花盛开。请大家用掌声祝福所有人，愿我们的生活像这个花园一样美丽、充满生机。”

**引用名言：**“正如莎士比亚所说：‘人生如同一场空洞的闹剧，充满了声音与疯狂。’在这个特殊的日子里，请大家用掌声祝福我们所有人，愿我们的生活充满意义和价值。”

## 三、幽默鼓掌

在演讲中，我们可以设计带动掌声的环节，或者临场发挥，用幽默的方式向观众要掌声，这个掌声不一定非要有对象、有理由，就是想让大家在这个时刻给一些“有趣的掌声”。所以，有一些常用的幽默要掌声的话术。如下：

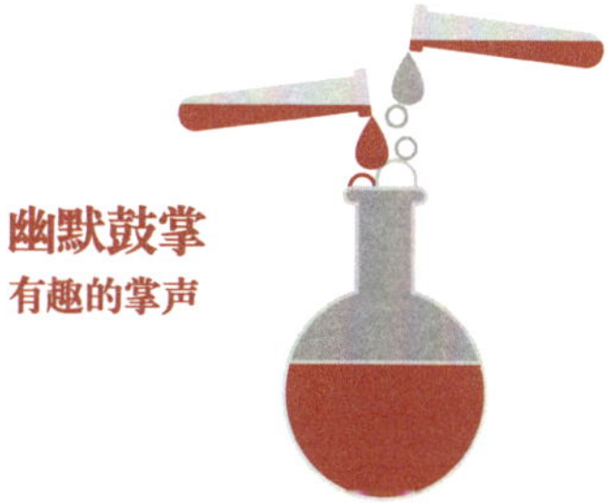


据说成功者从不吝啬掌声。

我从小就是一个缺乏爱与鼓励的人，所以不怎么自信，据说掌声可以让人产生自信，不知道各位能否帮我验证一下。

在我刚学演讲的时候，老师就告诉我一个很棒的观点，千万别辜负鼓掌的观众。

我有个缺点就是一碰到优秀的人就紧张，一紧张就脸红，我相信如果能有点掌声，我会克服紧张的。

我有个缺点，就是一听到掌声就比较兴奋，一兴奋就讲得比较好。

今天我感冒了（症状），不过据说掌声能够治疗感冒（症状），让我讲得更好。

掌声即心声，相由心生。心越美的人，掌声就越大声，不信你们听。

今天阳光甚好，来点掌声会更好。”

……

## 四、注意事项

带动掌声本身是一种互动的方式，目的是能创造热烈的演讲氛围，但是也有一些事项需要注意，不要弄巧成拙。

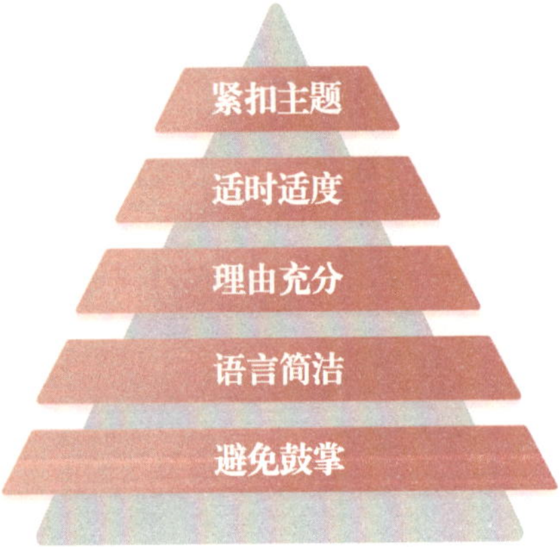


### 1. 紧扣主题

演讲者的每一次要掌声都应该与主题紧密相连，这样才能更好地引导观众理解和关注主题。如果演讲者频繁地要掌声，但是这些掌声与主题没有直接关联，那么可能会分散观众的注意力，影响演讲效果。

### 2. 适时适度

适时适度地要掌声，不要频繁或过度地要掌声，以免让观众感到厌烦。

### 3. 理由充分

需要给出充分的理由，让观众明白为什么要鼓掌。这可以增加观众的认同感和参与感。

### 4. 语言简洁

演讲者要掌声时，语言要简洁明了，不要过于烦琐或晦涩难懂，这可以让观众更容易理解和接受。

### 5. 避免鼓掌

在需要保持庄重、肃静或安静的场合，应该避免鼓掌等行为，以尊重他人的感受和保持场面的肃穆。

## 玉米给你列清单
List

**鼓掌对象**

**鼓掌时机**

**幽默鼓掌**

**注意事项**

# 第四章

# 三种控场方法，<br>让你在现场临危不乱

## 第一节

# 预先控场：提前立好规矩，预防乱场“小恶魔”

在央视的某次访谈节目中，主持人朱军与一位经历了巨大人生变故的嘉宾进行对话。嘉宾在讲述自己的经历时情绪激动，泪水夺眶而出。这时，面对嘉宾的失控，朱军并没有急于推进话题，而是用平和的语气说：“我们都理解你的感受，这里是一个可以倾诉的地方。”他递给嘉宾纸巾，并暂时停顿，让嘉宾稳定情绪。当嘉宾逐渐恢复平静后，朱军再缓缓引导话题深入，使整个对话过程更加有深度，也更有情感共鸣。

没有经验的主持人，面对这种失控的情况要么是不知所措，要么是急于安慰，要么是手忙脚乱，不管怎样，其实都没有关注到整个节目该有的真实感和呼吸感，其实朱军的暂时停顿，会让害怕冷场的人觉得一分一秒都很尴尬，可这样的“留白”，让采访更有深度，更有共鸣。

演讲其实就是一场现场直播，我们很有可能面对不在我们控制范围内的事情。比如：技术故障、设备（如麦克风、投影仪等）故障，时间把控不当，观众反应冷淡，现场氛围沉重，演讲者失误，以及突发事件如火灾、地震等。

那么我们应该怎么办呢？有句话叫未雨绸缪，我们既然知道控场是必修课题，那为什么不能防患未然呢。因为最好的控场其实是“提前预防”。

为了预防演讲中可能会出现的“小恶魔”，我们可以提前立好规矩，提前预设可行性应对方案。

## 一、规矩谁来立

有三类角色，分别是组织人员、主持人、演讲者。这也就意味着，在正式的演讲来临之前，这三个角色都可以用合适的方法立规矩，避免一些不必要且可预防的突发事件发生。

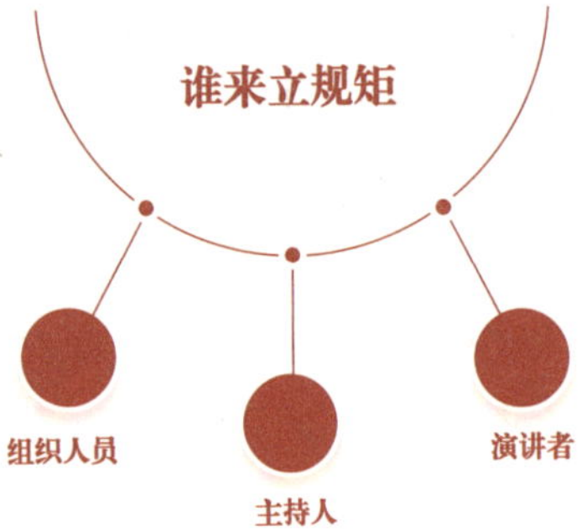


## 二、规矩怎么立

### 1. 组织人员

可以通过纸质版的说明告知现场的每一类关键人员，参加活动的规则和注意事项。

以演讲比赛规则为例。

**参赛者须知**

参赛者需在比赛开始前五分钟到场签到，逾期未签到者将视为自动放弃参赛资格。参赛者所提交的演讲内容必须符合本次比赛的主题要求，内容应健康向上，无违法违规内容。演讲时长应严格控制在五分钟以内，超时部分将酌情扣分。

**演讲要求**

参赛者需脱稿演讲，不得使用任何形式的辅助器材或参考资料。演讲应结构清晰、逻辑严密、表达流畅、富有感染力。

**观众须知**

观众请在比赛期间保持安静，请将手机调至静音或振动模式，以免影响比赛进行。观众应尊重每一位参赛者，不得在比赛过程中进行任何形式的干扰或嘲笑。

**评分与奖项**

比赛评委将从演讲内容、表达技巧、逻辑结构、感染力等方面进行综合评分。比赛结果将在比赛结束后公布，并颁发相应奖项。

**其他**

如有任何疑问或特殊需求，请提前与主办方联系。本规则最终解释权归主办方所有。

### 2. 主持人

在主持开场环节，通过口头温馨提示的方式引导观众知悉规则。举例：

尊敬的各位观众，大家好！

欢迎参加本次演讲比赛，为了确保比赛的顺利进行，我们有几点温馨提示需要告知大家：请各位观众保持手机静音或振动模式，以免干扰到比赛的进行。在演讲过程中，请大家保持安静，尊重每一位选手的发言，不要随意打断或喧哗。如果需要暂时离场，请尽量选择在选手演讲结束后，避免影响到其他观众。希望大家能够遵守这些提示，共同营造一个良好的比赛氛围。谢谢大家的配合与支持！现在，让我们期待选手们的精彩表现，共同享受这场演讲比赛吧！

### 3. 演讲者

想要一开场就立规矩，让观众积极参与其中，很重要的原则就是“全力以吸”！也就是我们这本书一开始跟大家分享的开场的第一个步骤“引发兴趣”。没有人会拒绝一场精彩的演讲或分享。同时，作为演讲者，前期对观众的很多规矩的设立，可以请组织人员或者主持人去“立”，会更加贴切自然。

## 三、有哪些规矩

一般可以从哪些方面立规矩呢？给大家总结了我们经常关注的几个重要信息，也是一场演讲能够顺利进行的要点。

**时间：**有助于观众对演讲的整体时间有一个预期，并确保演讲不会超时或提前结束。

**规则：**如不允许随意走动、不允许拍照或录像、不允许大声喧哗等。这有助于维护现场秩序，确保演讲的顺利进行。

**互动：**鼓励观众积极参与演讲，例如主动提问、积极参与讨论等。但也要明确规定，这些互动必须在适当的时间，以合适的方式进行，以确保演讲的连贯性。

**纪律：**告知观众违反规定的后果，有助于确保大家都遵守规矩，维护现场秩序。

**预期：**明确对演讲的预期和目的，有助于观众更好地理解演讲的内容和目的，并积极参与其中。

演讲中除了可提前“设立规矩”，还可以提前“预防观众”，提前了解观众可能会引起的突发状况，做好应对准备，达到从思维上提前控场。

我将观众进行了“人群画像”分析，共有八类观众，分别是吵闹型观众、高冷型观众、质疑型观众、专家型观众、迟到早退走动型观众、过分自信型观众、情绪化型观众、胆小型观众。

| | |
|---|---|
| 1 吵闹型观众 | 2 高冷型观众 |
| 3 质疑型观众 | 4 专家型观众 |
| 5 迟到早退走动型观众 | 6 过分自信型观众 |
| 7 情绪化型观众 | 8 胆小型观众 |

面对这八类观众又该如何应对呢？

### 1. 吵闹型观众

这类观众可能会大声喧哗、交头接耳、打断演讲者，对演讲的顺利进行产生负面影响。

**应对方案**

**观察并了解情况+使用幽默、调侃、提出问题、引导讨论等+给予肯定和鼓励**

他们为什么会吵闹呢？背后的核心关注点是什么呢？只有更好地理解他们的需求和情绪，才可以通过幽默、调侃、提问、引导讨论等方式吸引他们的注意力，让他们感到被重视，最后再给予肯定或鼓励，让他们感到被认可，从而更加积极地参与演讲。

### 2. 高冷型观众

这类观众可能对演讲内容不感兴趣，或者对演讲者的观点持不同意见，因此表现得冷漠、高傲，不参与互动，这也会影响演讲的氛围和效果。

**应对方案**

**建立情感联结+利用辅助工具+创造互动机会+尊重并给予认可**

高冷型观众本身可能缺乏与演讲内容和演讲者的情感联结。我们可以通过讲述故事、分享个人经历或引用与观众共鸣的情感元素，来建立情感联结，激发他们的兴趣。同时使用视觉辅助工具（如幻灯片、图、表等）使演讲内容更加生动有趣，设计如小组讨论、角色扮演或观众投票等互动，让高冷型观众有机会参与其中。这样可以增加他们的参与感和投入程度。当然，即使他们很高冷，也需要额外的鼓励和认可。

### 3. 质疑型观众

这类观众可能会提出一些难以回答的问题，或者对演讲者的观点进行挑剔和质疑，导致演讲者感到尴尬或者无法回答。

**应对方案**

**倾听和理解+明确回应问题+寻求共同点**

首先，演讲者需要倾听质疑型观众的问题或质疑，并主动理解他们的观点和动机。这有助于建立对话的基础，让观众感到被尊重和关注。其次，演讲者需要给予明确、直接的回应。既展示演讲者的专业知识和解决问题的能力，也让观众感到他们的疑问得到了重视。尽管质疑型观众可能对某些观点持有不同意见，但演讲者可以寻求与他们的共同点，求同存异。这可以增加对话的包容性和开放性，让观众感到更加舒适和自在。

### 4. 专家型观众

这类观众通常对特定领域非常了解，并拥有较多的专业知识。他们会对演讲者提出深入的问题，希望听到有关该领域的新观点和见解，甚至有些演讲者一看到有专家、领导在现场，就不自觉地紧张。既然“打不过”，那就“拉他加入”。

**应对方案**

**充分准备和深度研究+提问和讨论环节+尊重和认可**

充分准备，深入研究演讲主题，提供有深度和广度的内容。这样可以满足他们的需求，并激发他们的参与热情。同时邀请专家和研讨型观众提出问题和建议，这可以引导他们的思考和参与，增加演讲的互动性和深度，再给予他们充分的尊重和认可。这样就可以顺理成章地和他们建立良好的关系，并激发他们更深入地参与讨论。

### 5. 迟到早退走动型观众

这类观众可能会在演讲开始后才到达现场，或者来回走动、提前退场等，他们的到来可能会打断演讲的节奏，影响其他观众的注意力。

**应对方案**

**控制节奏和时间+设计互动环节+设置休息时间+管理情绪**

演讲者需要控制演讲的节奏和时间，确保演讲内容紧凑、有条理。避免长时间拖延或过快推进，以免观众感到无聊或匆忙。比如设计一些互动环节，如提问、小组讨论或游戏等，增加观众的参与度和兴趣，减少他们走动和早退的意愿。合理设置休息时间，让观众有机会离开座位、放松身心。这可以缓解观众的疲劳感，减少他们走动的机会。当然对于观众的迟到、早退或走动行为，演讲者需要保持冷静和理性。避免情绪激动，导致影响整体氛围和观众参与度。

### 6. 过分自信型观众

这类观众可能认为自己对演讲主题非常了解，因此在演讲过程中表现出不耐烦或者轻视的态度。他们可能会打断演讲者，提出挑衅性的问题或者发表与演讲内容相悖的观点。

**应对方案**

**建立共同目标+提供挑战性内容+引导讨论和互动+给予反馈和认可**

没有共同目标，双方的关注点就不一致了，那么讨论演讲内容就无从谈起，之后提供挑战性内容，进一步激发他们的参与热情，让他们更加专注于演讲内容，再引导其讨论和互动，只有真正地让他们参与进来，并鼓励他们发表观点和意见，使他们感到被尊重和重视，这样才能自然而然地拉他们与自己站在同一阵营。这时再给予反馈和认可，让他们明白自己的观点可能存在不足或需要改进的地方，比如引导他们将所学知识应用到实践中。这可以增强他们对演讲内容的认同和共情，同时也可以提高他们的自信心和积极性。

### 7. 情绪化型观众

这类观众可能会因为个人情绪或者对演讲内容的强烈反应而表现出情绪化的行为，比如哭泣、愤怒或者大笑等。他们的情绪可能会影响演讲的氛围和其他观众的情绪。

**应对方案**

**保持冷静和同理心+倾听和观察+提供情绪疏导机会+积极回应+寻求支持**

面对情绪化观众，演讲者需要保持冷静和同理心，理解并尊重他们的感受，避免被观众的情绪所带动，从而更好地应对这种情况。认真倾听情绪化观众的发言和表达，观察他们情绪的变化。了解他们的需求和关注点，从而采取针对性的措施。比如设计一些互动环节，如小组讨论、角色扮演或情感分享等，让他们有机会表达和释放情绪。对于情绪化观众的发言和表达，演讲者需要以积极的方式回应。可以给予肯定、鼓励或提供支持，让他们感到被理解和尊重。这有助于缓解他们的情绪，同时引导他们对演讲内容的关注与认可。如果情绪化观众的情绪无法得到缓解或控制，演讲者可以寻求其他观众或组织者的帮助和支持。

### 8. 胆小型观众

胆小型观众可能会因为害怕或紧张而不敢提问、参与讨论或表达自己的观点。他们的不自信和胆小可能会影响演讲的氛围和效果，甚至可能让演讲者感到难以与他们建立有效的互动。

**应对方案**

**鼓励参与+创造轻松氛围+肯定回应**

演讲者可以鼓励胆小型观众提问、分享观点或参与讨论，通过积极的互动让他们感到更加自信并参与其中。同时营造轻松、友好的氛围，让胆小型观众感到舒适和自在，进而缓解他们的紧张感。使用肯定性语言来回应胆小型观众的提问或观点，让他们感到被认可和尊重，从而增强他们的自信心和对演讲者的信任及认同。

我们了解了八种观众的类型，未来在演讲时可以提前观察观众的类型，准备好合适的应对方案，以备在演讲中处理突发状况。

## 玉米给你列清单
List

| 设立规矩 | and | 预防观众 |
| --- | --- | --- |
| 1.组织人员<br>2.主持人<br>3.演讲者 | | 1.吵闹型观众<br>2.高冷型观众<br>3.质疑型观众<br>4.专家型观众<br>5.迟到早退走动型观众<br>6.过分自信型观众<br>7.情绪化型观众<br>8.胆小型观众 |

## 第二节

# 随时控场：利用言行举止，掌控现场“调皮鬼”

演讲者是演讲的主导者，需要掌控整个演讲的进程和节奏。比如确保演讲内容的连贯性和完整性，避免出现中断、跑题或混乱等情况。

如果提前控场是一种思维控场，那么我们还要学会行为控场。把控演讲中出现的“调皮鬼”，通过言行举止，时刻游刃有余地引领全场。

在演讲中“言行举止”分别代表着内容、声音、目光、动作。演讲者利用言行举止，可以掌控现场出现的“调皮鬼”。

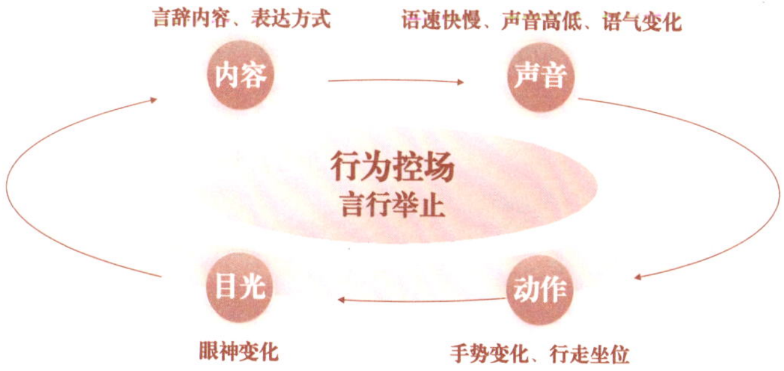


演讲中时刻都需要演讲者去掌控的“调皮鬼”有哪些呢？可以怎么利用“言行举止”去控场呢？我们分为外部因素和内部因素（个人因素），针对不同的“调皮鬼”来一一拆解。

## 一、外部因素

### 1. 互动时观众不配合

**应对方案：内容控场**

演讲者适时调整互动的重点内容，强调与观众更相关或感兴趣的部分，将集体互动转化为一对一互动。

### 2. 观众走神、打瞌睡

**应对方案：声音、动作控场**

在关键内容处突然加大音量，既强调了重点内容，又对走神或者瞌睡的观众起到了“惊醒”作用，潜移默化地达到控场效果；或者在演讲过程中适时地走到观众身边，轻轻拍打观众的肩膀，以示提醒，又给足了其面子。

### 3. 观众窃窃私语

**应对方案：内容、声音、目光控场**

“隔山打牛”的方式，提出一个问题，请该观众身边的另外一个观众起身回答，从而起到提醒作用；或者将演讲的声音逐渐弱下来，你的声音越弱，窃窃私语的声音就会越明显，瞬间起到提示效果；一边演讲一边将目光投向窃窃私语处，你要相信眼神的磁场，很快就会让该观众有所察觉。

### 4. 观众低头玩手机、私下有小动作

**应对方案：内容控场**

“警钟长鸣”，不断穿插提问、体验或游戏的互动方法，让低头玩手机或者私下有小动作的观众保持高度专注。

## 二、内部因素

### 1. 紧张害怕

**应对方案：内容、声音、目光、动作控场**

“换一换”，紧张是正常的，尽量换成自己熟悉和擅长的内容进行详细讲解，增加自信心；或者换成提问、讨论的方式，将注意力转移到观众交流上。

“慢下来”，放慢语速，给自己更多的时间思考和组织语言，“人贵则语迟”。

“放过去”，避免过度关注一个人，比如领导、专家等权威人士，“放过”权威人士，也放过自己。

“动起来”，紧张会让整个人看起来特别拘束，所以慢慢走动起来，适当地舒展身体，打开肩膀手臂，让姿态更舒展大方；如果你实在不知道手放哪里，可顺手拿起一支笔等相关物品；实在走动不起来，那就“稳住”，稳定站立，会给人一种自信可靠的感觉。

### 2. 自我怀疑

**应对方案：内容、目光控场**

用观众的反馈来坚定信念，与观众互动，观察观众对你演讲内容的参与度和兴奋度来坚定自己；同时观察台下的观众，通过他们的配合度，特别是友善的面孔，找到自信。

### 3. 身体不适：声音干哑、忍不住咳嗽、眼睛流泪、出汗

**应对方案：声音、内容、动作控场**

在可控的情况下，调整自己的演讲节奏，比如放慢语速等；抑或增加互动环节，用提问、讨论、小组的形式，将观众的注意力转

移，给自己留够时间调整；实在不可控的情况下，简短说明情况，表达对观众的感谢。其实，在不影响演讲整体节奏的情况下，适当出现喝水、擦眼睛等情况是允许的，不要太紧张。

### 4. 意识到思维错乱、流程错乱

**应对方案：内容、声音控场**

保持冷静，过于复杂的内容可以简化；向观众提问，以帮助自己重新整理思绪；回顾主题，总结要点，确保观众记住关键信息；在适当的地方停顿，给自己和观众消化的时间，沉默也可以制造紧张感或强调重要观点。

控场是演讲的关键，无序则迷失，有序则引领。学会随时控场，培养控场能力，张弛有度、收放自如地控场，会让我们在演讲时如鱼得水，也能让观众沉浸其中。

**玉米给你列清单**
List

**内容控场**
**声音控场**
**目光控场**
**动作控场**

## 第三节

# 紧急控场：应对突发状况，化身救场“小达人”

李思思作为主持人，在一次央视的大型晚会上，正准备介绍下一个节目，突然舞台上的大屏幕出现故障，无法显示预定的视频内容。面对这一突发状况，她微笑着对观众说：“看来今晚的舞台想给我们留点悬念呢。不过没关系，我们的节目同样精彩。”她随即走到舞台中央，用富有感染力的语言描述即将上演的节目内容，同时工作人员紧急修复故障。在她的巧妙应对下，现场氛围得以维持，观众也没有因为技术故障而失去兴趣。

在现场，除了可预防的“小恶魔”以及随时会出现的“调皮鬼”，还会出现像李思思面临的这种舞台故障等突发状况。像忘词、口误、时间不够、摔倒、技术故障、冷场、混乱、不满抗议等更严重的现场失控问题，我们又将如何应对，化身救场“小达人”呢？

## 一、忘词

**应对方案**

**保持冷静+短暂停顿+控场方法（回顾观点、观众互动、利用笔记、巧用幽默）**

要保持冷静和自信。告诉自己忘词只是短暂的，不要因此而慌张或失去自信。短暂停顿：可以利用短暂的停顿来回忆忘记的内容。同时，可以微笑并向观众示意，只要不让观众看出你忘词，观众一般猜不出你忘词。还记得吗？演讲中，我们适当停顿是合情合理的。实在想不起来，那就巧妙地用一些控场的方法吧。

**回顾观点：**回顾之前讲过的内容，找到与忘记内容相关的观点或例子，以此为线索回忆起来。

**观众互动：**可以向观众提问或引导他们进行讨论，以此为机会重新组织思路和语言，这样也可以增加与观众的互动和交流。

**利用笔记：**如果有准备笔记或提纲，可以迅速查看并找到忘记的内容。

**巧用幽默：**“对不起，有个很严肃的事情想跟大家说一下，由于台下帅哥美女太多，看得我眼花缭乱，所以，我忘词了……”“想不起一个人名或者专业名词时可以说：你懂的。”

## 二、时间不够了

**应对方案**

**迅速回顾+调整内容+简洁明了**

实在讲不完，就不要讲完，迅速回顾演讲的内容，确定哪些部分是关键和重要的，哪些部分是可以省略或简化的。根据剩余时间，对演讲内容进行适当调整。可以删除一些次要内容，千万不要加快语速，既影响了效果，又让人觉得你的时间掌控力不足。最后在剩余的时间内，尽可能简洁明了地表达观点和结论。避免冗长和复杂的句子和段落，以节省时间。

## 三、口误

### 应对方案

**及时纠正+保持自信+幽默化解**

一旦发现口误，要及时纠正。可以重新表述正确的观点或信息，或者补充一些解释来纠正口误。同时，我们要知道，嘴瓢或者口误是正常行为，尽管出现了口误也要保持自信和从容。不要影响自己的表现和信心。

如果口误比较尴尬或难以纠正，可以用幽默的方式来化解。用一些轻松的笑话或自嘲来转移观众的注意力，化解尴尬的气氛。如下：

“哈哈，看来今天我的舌头有点不听话。”

“大家知道吗？我的大脑和嘴巴经常不沟通，所以它们今天有点小分歧。”

“我的嘴巴比我还激动。”

这些幽默的话术可以帮助我们化解演讲中的尴尬气氛，让观众感到轻松和愉悦。

## 四、上台摔倒

### 应对方案

**保持冷静+迅速起身+幽默化解**

首先，要保持冷静和自信。不要惊慌失措，否则可能会加重尴尬的气氛。尽快起身，保持镇定和自信。尽快回到演讲的主题上，不要让这个小插曲影响你的表现和信心。可以用幽默的方式来化解尴尬。美国女演员雷莉布丝在颁奖现场跸了一下脚说：“女士们、先生们，你们刚才看到了，我是经历了什么样的坎坷，才站到今天这个舞台上的。”

## 五、技术故障

比如话筒没声音，PPT、视频、图片等播不出，停电等技术故障。

### 应对方案

**切勿自责+继续演讲+幽默化解**

话筒没声音：“大家稍等片刻，让我们的技术人员给它喂点能量，应该很快就能恢复啦！没关系，我相信我的声音和热情一定能够穿越这个小小的障碍。”

PPT、视频、图片等播不出：“我今天真的太幸运了，连 PPT 都忍不住要和我玩捉迷藏。”

停电：“难道是我今天太激动了？连电波都不受控了？”

技术故障的问题，基本上不是你可以解决的问题。从心态上一定要放过自己，现场的工作人员会及时帮你处理，你要做的就是保持冷静，坦然面对，不管是用幽默的方式化解，还是与观众积极互动，缓解紧张气氛，都是好的应对方式。

## 六、冷场

### 应对方案

**观众相关+笃定演讲+定时炸弹**

当观众对你的演讲无动于衷时，突然冷场，要主动走到观众中间，注视他们的同时说些跟他们有关的内容，如“接下来分享一个方法，可以帮助大家马上突破汇报工作没有逻辑的问题”。与观众相关且明确指出对观众的好处，观众会更有兴趣。同时，加上自己笃定的状态，快速拉回观众的注意力。冷场时在现场埋一颗“定时炸弹”，如“为了保证大家能快速理解并运用，我设计了三个上台实战演练的环节，现场邀请三位同学”。

## 七、现场互动出现混乱

### 应对方案

**引导观众+幽默化解、巧妙转移话题**

当出现混乱场面时，作为演讲者，要积极引导观众。可以通过语言、手势或眼神来提醒观众保持秩序，并鼓励他们有序地参与互动。如果场面过于混乱，可以使用一些幽默的话语来缓解气氛。“看来大家都太热情了，我都不知道该听谁的好了。”或者可以巧妙地转移话题，引导观众关注其他有趣的话题或问题。例如：“看来今天的场面真是太热烈了，我们换个话题放松一下吧。”

## 八、观众不满或抗议

在演讲过程中，可能会遇到一些观众对演讲内容或演讲者表示不满或抗议的情况。这时，演讲者需要保持冷静，尊重观众的意见，及时采取措施解决问题，确保演讲顺利进行。

### 应对方案

**真诚道歉+倾听理解+自信从容+积极回应+控制场面+寻求解决方案**

向观众真诚道歉，承认自己的不足或错误，展示诚意和责任感，缓解观众的不满情绪，同时认真倾听观众的意见和观点，理解他们的诉求。不要让这个小插曲影响你的表现。保持自信和从容可以让观众感受到你的专业素养和魅力。针对观众的不满和抗议，积极回应并解释原因。在必要时，使用适当的手势、语言或声音来控制场面，避免混乱进一步升级。但要注意不要过于强硬或粗暴，以免引起更大的不满和抗议。与观众一起探讨解决方案，寻找解决问题的途径。这可以让观众参与其中，增强他们的归属感和满意度。

## 玉米给你列清单
List

**忘词**
**时间不够了**
**口误**
**上台摔倒**
**技术故障**
**冷场**
**现场互动出现混乱**
**观众不满或抗议**

# 第五章

# 三个发声要点，让你做到先声夺人

## 第一节

# 去掉冗杂和重复，清晰流畅地表达内容

在众多综艺节目中，《蒙面唱将》以其独特的赛制和形式，吸引了无数观众的眼球。在这个舞台上，每一位歌手都蒙上神秘的面具，用声音作为唯一的“武器”，与观众和猜评团进行心灵的交流。他们的歌声或激昂高亢，或低沉婉转，但无论何种风格，都通过声音传递出强烈的情感，令人陶醉其中。

这一节目的呈现，其实给了我们一个深刻的启示：在演讲中，声音同样具有无比强大的魅力。一个优秀的演讲者，往往能够凭借其独特的声音，在开口的瞬间就抓住观众的注意力，让观众为之倾倒。那么，如何学会发声，让我们的声音成为演讲中的利器，先声夺人呢？

在本章中，我们分三个小节来阐述。首先，注意声音的清晰度和流畅度，明确传达演讲者的意思；其次，注意声音的重音和停顿，富有节奏且突出表达的重点；最后，注意声音的音调和弹性。音调的高低、节奏的快慢都会影响演讲的效果。根据演讲的内容和情感变化，灵活调整自己的音调和弹性，让声音更具表现力和感染力。

部分演讲者在演讲时听起来语言组织混乱，思路不连贯，导致观众不明白其想要传达的意思，这一节我们就来分享如何清晰流畅地表达内容。

## 一、去冗杂、去重复

冗杂的声音如同厚重的迷雾，掩盖了演讲的核心要点，而重复的表述则如单调的旋律，让观众感到乏味。因此在演讲中，我们力求言简意赅，用精练的语言表达核心观点，通过避免不必要的重复，让每一个词汇都发挥其应有的价值。

在一次年度工作汇报演讲的舞台上，张华（化名）紧张地握着手中的话筒，他的手心开始微微出汗，眼神在台下众人身上游离不定。

“嗯……那个……大家好，我是张华。”他的声音明显有些颤抖。

“嗯……嗯，过去的一年，我们……我们部门做了很多事情。”当他开始汇报工作时，话语中充满了犹豫和重复，他的声音越来越小，几乎听不清他在说什么。

“那个……我们完成了几个重要的项目，那个……那个销售额也……也有所增长。”他的话语中充满了口头禅和重复，让观众开始感到不耐烦了。他试图用具体的数据来说明业绩，但紧张的情绪让他忘记了具体的数据，只能含糊其词。

“嗯……还有，我们还加强了团队合作，提高了工作效率。”“那个……总之，我们部门在过去的一年里取得了不错的成绩，但还有很多不足，我们会继续努力。”他终于结束了自己的演讲，他原本想通过这次演讲展示自己的能力和成果，但却因为紧张和恐惧，因为冗杂的表述和重复的话语，让自己的演讲变得如此不流畅。

在演讲中，之所以出现冗杂和重复的情况，有心理层面和技巧层面两方面原因。只有将演讲变得更加紧凑、有力，才容易被观众理解和接受，我们的声音才能成为演讲中的利器。

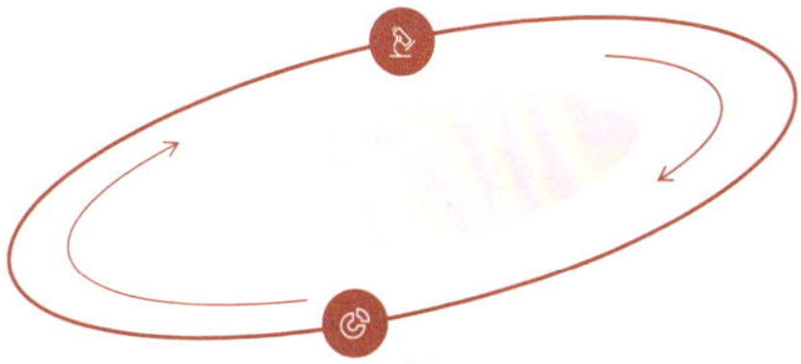


## 1. 心理层面

逻辑不清、说话结巴、语言重复、口头禅频出等就是紧张的一种外现。紧张人人都有，即使是演讲大师面对观众时也应该保持一定的“紧张感”，只是每个人的紧张感层次不一样，我们来给紧张分分类，从心理层面看看自己在舞台上属于哪一类，又将如何解决。

**重度紧张：**演讲者极度恐慌和无助，甚至出现身体颤抖，无法组织完整的句子，语无伦次。这时演讲者可能要中断演讲，调整心态，甚至考虑放弃演讲。

**中度紧张：**演讲者感到明显的焦虑和不安，声音可能会颤抖，语速加快或减慢，出现口头禅和重复句子，身体语言变得僵硬不自然。这时观众通常仍然能理解演讲者表达的核心观点。

**轻度紧张：**演讲中最常见最正常的状态，心跳加速，手心微汗，总体上还能保持冷静和自信，清晰表达观点。其实轻度紧张是演讲者对观众重视的一种体现，优秀的演讲者会把这种紧张化成一种能量，让自己保持兴奋的状态，反而能有更好的演讲效果。

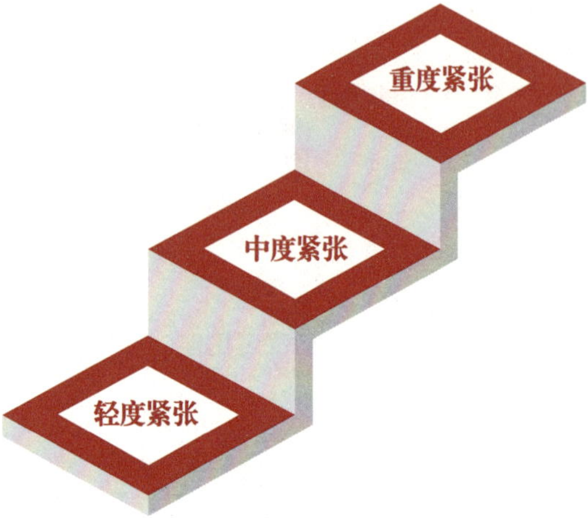


如何缓解紧张呢？

**降低期望值：**期望如同“双刃剑”，既能激励前行，也能带来无尽的紧张和压力。当我们对演讲这件事本身寄予厚望时，紧张感也随之而来，如影随形。所以在演讲中，大家要懂得调整期望，首先要对自己有合理的认知，不要过分追求完美；其次要设定具体的、可实现的期望值，避免在过度紧张中迷失自我。

**增加把握度：**越有把握，越能冷静应对；越有信心，越能战胜紧张。增加把握度需要演讲者充分准备、了解观众、模拟演讲、熟悉现场等，从而让自己真正做到对这件事是有把握的。

就像面对高考一样，做足了准备，同时也没有非要考清华北大，就是既有把握度，又降低了期望值，所以不会过于紧张，反而能正常发挥。可是有一类同学，本身对于高考准备得就不充分，还想“鲤鱼跃龙门”一举成名，期望值极高，反而让自己神经紧张，不一定取得很好的成绩。

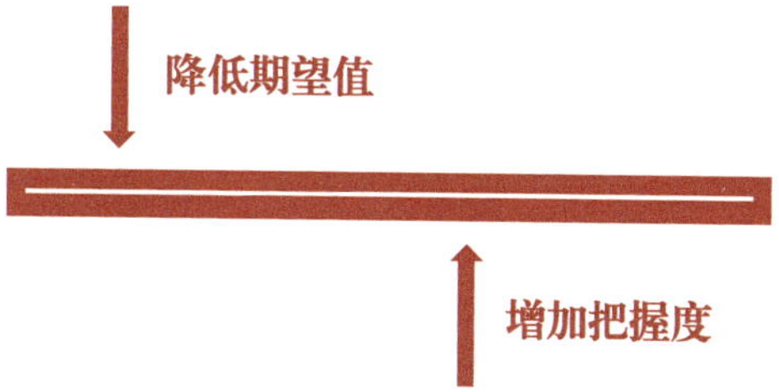


## 2. 技巧层面

除了心理层面会让演讲变得冗杂且重复，如果你没有注意技巧层面的问题，也会出现类似的情况。技巧层面的问题具体如下：

主题不明确。你的演讲是为了传达什么信息？希望达到什么效果？只有明确了主题和目标，才能更有针对性地筛选和组织内容，避免偏离主题的冗杂信息。

逻辑不清晰。你的演讲内容是否有一个清晰的逻辑框架，从开场到中场，再到尾场，是否层层递进，条理分明？是否能提高演讲的可听性？是否可以帮助观众更好地理解和吸收演讲内容。

无关内容多。要学会精简和提炼，每个观点、每个故事都应该紧紧围绕主题展开，言简意赅地表达你的意图。不必要的修饰词、冗长的句子，都应该被剔除或简化。简洁明了的语言更能深入人心。

大量口头禅。大多数人在表达时，对口头禅是不自知的，即使知道自己有这个问题，在实际的表达中又无法觉察并做出调整，就会让内容显得冗杂和重复。这就需要自我觉察、放慢语速，进行刻意练习。

无真实反馈。积极听取他人的意见和建议，从他人的反馈中不断改进和完善自己的演讲内容。

## 二、清晰流畅的表达

我们从心理层面和技巧层面去除冗杂和重复之后，还可以通过一些刻意练习，让表达清晰流畅。

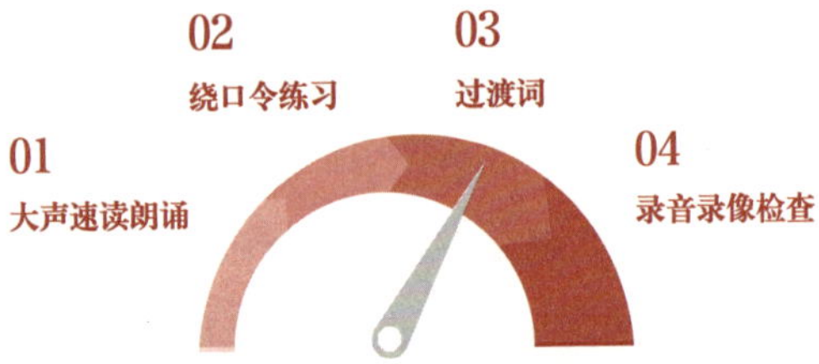


### 1. 大声速读朗诵

选择一些优秀的演讲稿或文章进行朗读练习，注意模仿演讲者的语调、语速和停顿。通过大声朗读来提高口腔肌肉的灵活性和发音的清晰度。就像为什么播音主持专业的同学大学四年，周而复始地要练声，因为这是清晰流畅表达的基本功。

### 2. 绕口令练习

在演讲中，绕口令练习也可以帮助你提高口语表达的清晰度和流畅度。不同的绕口令涵盖了不同的语音要素和发音技巧。

## 四和十：
### 提升对细微发音差异的敏感度

四和十，十和四
十四和四十，四十和十四
说好四和十得靠舌头和牙齿
谁说四十是“细席”
他的舌头没用力
谁说十四是“适时”
他的舌头没伸直
认真学，常练习
十四、四十、四十四

## 八百标兵奔北坡：
### 连续的爆破音锻炼清晰度和对语速的控制

八百标兵奔北坡
炮兵并排北边跑
炮兵怕把标兵碰
标兵怕碰炮兵炮

## 粉红墙上画凤凰：
### 提高发音准确度和语速

粉红墙上画凤凰
凤凰画在粉红墙
红凤凰、粉凤凰
红粉凤凰花凤凰

## 吃葡萄不吐葡萄皮：
### 提升发音速读和口腔的灵活性

吃葡萄不吐葡萄皮
不吃葡萄倒吐葡萄皮

**六十六头牛：**
**包含了多种语音元素和复杂的结构**
**有利于提高整体口语表达能力和流畅度**

**六十六岁的陆老头，盖了六十六间楼，买了六十六篓油，养了六十六头牛，栽了六十六棵垂杨柳；**
**六十六篓油，堆在六十六间楼；六十六头牛，扣在六十六棵垂杨柳；**
**忽然一阵狂风起，吹倒了六十六间楼，翻倒了六十六篓油，折断了六十六棵垂杨柳，砸死了六十六头牛，急煞了六十六岁的陆老头**

通过反复练习这些绕口令，可以逐渐提高你的发音清晰度、语速控制能力以及口腔的灵活性，从而在演讲中更加流畅自如地表达自己的思想和观点。记得在练习时要保持耐心，逐步提高自己的口语水平。

### 3. 过渡词

语言不流畅是因为我们本身就没有从内容上让它们有自然的衔接。我们可以通过使用过渡词，有效地连接各个部分。

首先、其次、再次、最后：用于列举和排序，有助于观众跟随你的思路。

而且、此外：用于添加额外的信息或观点，强化演讲内容。

但是、然而：用于引入与前面内容相对立或不同的观点，增加演讲的层次感和深度。

因此、所以：用于解释原因或得出结论，使演讲更具逻辑性和说服力。

换句话说、简而言之：用于对复杂概念或观点进行简化，帮助观众更好地理解。

接下来、然后：用于引导观众跟随你的演讲节奏，进入下一个话题或阶段。

同样地、类似地：用于比较不同的情况或观点，展示相似性。

……

### 4. 录音录像检查

对自己的演讲录音或录像，然后仔细分析自己的语速、停顿和语调，找出需要改进的地方。尝试进行即兴演讲，这有助于提高快速思考和流畅表达的能力。

在演讲中，不管从心理层面、技巧层面，还是刻意练习层面，都是为了让演讲清晰流畅。无论是慷慨激昂的演讲，还是深情款款的讲述，都需要首先让观众听得明白，才能让我们的情感和思想感动观众。

**玉米给你列清单**
List

| 去冗杂、去重复 | and | 清晰流畅的表达 |
| --- | --- | --- |
| 1.心理层面<br>2.技巧层面 | | 1.大声速读朗读<br>2.绕口令练习<br>3.过渡词<br>4.录音录像检查 |

## 第二节

# 明确重音和停顿，富有节奏地传达观点

在董卿的节目《朗读者》中，你会听到陈数讲《一个人要像一支队伍》时的坚定与勇气，她的声音里透露了独立与坚韧，仿佛是在告诉我们，即使面对生活的种种挑战，我们也要像一支队伍一样，勇往直前，永不言败；你会听到王凯讲《约翰·克利斯朵夫》时的激情与执着，他的朗读充满了力量与热情，仿佛将我们带入了克利斯朵夫的世界，感受他那不屈不挠的精神和对艺术的热爱；你会听到张一山讲《追风筝的人》时的深情与感动，他的声音里充满了对友情、家庭和成长的思考，让我们在听他朗读的同时，也反思自己的人生之路。

每一次的朗读，都是一次心灵的洗礼，让我们在忙碌的生活中找到片刻的宁静与感动。《朗读者》的每一位嘉宾，用他们的声音给我们带来了美妙的朗读盛宴。

如果每一位演讲者站在舞台上，他的声音时而抑扬顿挫，时而高亢激昂，时而低沉深情；在讲述故事的高潮部分，他加重语气，让每一个字都仿佛带着千钧之力；在叙述情节的转折处，他又巧妙地运用停顿，给观众留下思考的空间，引发内心的共鸣。

那么这样的演讲，不仅能让观众感受到演讲者的激情和才华，更能让观众深刻理解演讲者所传达的观点和思想。这都离不开明确重音和停顿的巧妙运用，才让演讲富有节奏。

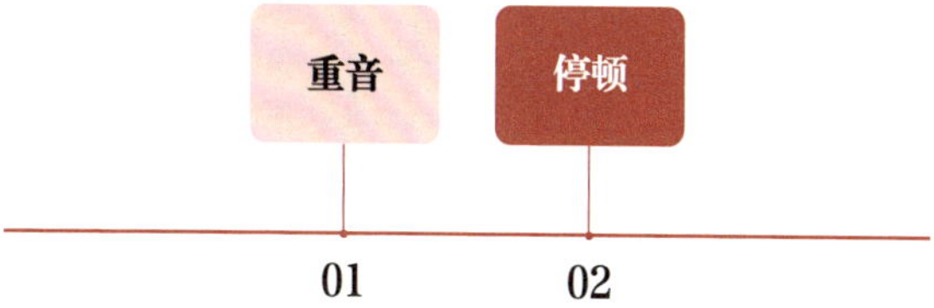


## 一、重音

演讲中，每一个字眼都如同繁星点点，而重音，便是其中最为璀璨的一颗，它就像乐章里的高潮部分，瞬间点燃观众的情感。它不仅是声音的加重，还是情感的凝聚或者重点内容的强调。

**同样的一句话，重音放在不同的位置，强调的意思也不同。**

**我**听说你去年夏天一个人徒步西藏拉萨。（是我听说，而不是其他人）
我**听说**你去年夏天一个人徒步西藏拉萨。（我只是听说，而不确定）
我听说**你**去年夏天一个人徒步西藏拉萨。（是你去，而不是其他人去）
我听说你**去年**夏天一个人徒步西藏拉萨。（时间是去年夏天，而不是今年）
我听说你去年**夏天**一个人徒步西藏拉萨。（时间是夏天，而不是春天或其他）
我听说你去年夏天**一个人**徒步西藏拉萨。（一个人，而不是和其他人一起）
我听说你去年夏天一个人**徒步**西藏拉萨。（你是徒步去的，而不是开车）
我听说你去年夏天一个人徒步**西藏拉萨**。（去的是西藏拉萨，不是其他地方）

有哪些方法可以发挥重音的作用？

**加重音量法：**把强调的字词讲得重一些、响亮一些。“长风破浪会有时，直挂云帆济沧海。”在李白的《行路难》中，这句话就可以加重音量，表达感情。

**拖长音节法：**表达特殊情感时，把字词拖长。朱自清《背影》

中的句子："我看见他戴着黑布小帽，穿着黑布大马褂，深青布棉袍，蹒跚地走到铁道边，慢慢探身下去，尚不大难。"在这段描述父亲背影的文字中，例如，"蹒跚地走到铁道边"中的"蹒跚"二字，通过拖长音节，我们仿佛能看到父亲那艰难而坚定的步伐，感受到他内心的沉重与不舍。

**一字一顿法：**在强调的字词前停顿，让语言更加清晰有力。鲁迅在《记念刘和珍君》中写道："真的勇士，敢于直面惨淡的人生，敢于正视淋漓的鲜血。"在这句话中，通过一字一顿法，强调了"真的勇士"所应具备的勇气和决心。每个字的停顿都像是给勇士加冕的仪式，让人感受到那份坚定的信念和无畏的精神。

**夸大调值法：**把强调的字词夸张化，达到渲染感情的效果。在李白的《将进酒》中，他写道："君不见黄河之水天上来，奔流到海不复回。"这里的"天上来"三个字，通过夸大调值法，突出了黄河之水的壮阔与浩渺，使整个诗句气势磅礴，令人叹为观止。

**重音轻读法：**把强调的字词句子减小音量，拖长音节，同时加重气息，表达深沉凝重的感情。《再见了，亲人》中表达了志愿军战士对牺牲同志的沉痛怀念："当您再回去抢救小孙孙的时候，房子已经炸平了。"这里的"小孙孙"和"炸平"需要重读，但要以轻读的方式处理，以强调情况的危急和志愿军战士心情的沉痛。

## 二、停顿

记得在《红楼梦》中，贾宝玉初见林黛玉时，那句“这个妹妹我曾见过的”之后，便是一处深深的停顿。这停顿，如同湖面上的涟漪，缓缓扩散，让人感受到两人之间微妙的情感纠葛。我经常模仿这种停顿，试图在言语间营造一种情感的留白，让观众能够深入其中，品味那份复杂而深沉的情感。

郁可唯在节目《时光音乐会》第二期里演唱《水中花》，大约在 2 分 48 秒处，郁可唯唱到“这纷纷飞花”时进错了拍，但她的临场补救很完美，在句子半截处拉长“飞花”两个字，加上乐队老师的完美配合，瞬间停顿，整个世界“戛然而止”，给人的感觉就像是武侠电影里飞花坠落时突然间画面静止的那一瞬，停留在半空的刹那，又在下一秒恢复了动态。这首《水中花》火爆全网，很多人还专门去听那句失误。

有时候，演讲中一个巧妙的停顿比千言万语更能打动人心，是一个奇妙的“休止符”。演讲中的停顿可以分为生理性停顿、语法性停顿、逻辑性停顿、并列性停顿、强调性停顿、情感性停顿。

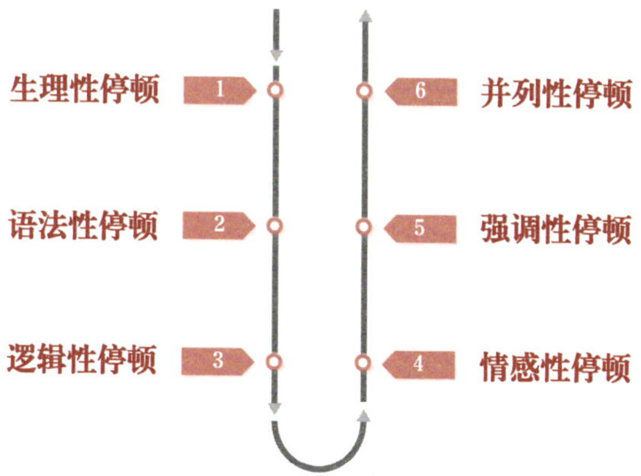

**生理性停顿：**演讲者根据气息的需要，在不影响语义完整、不割裂语法结构的情况下做一个短暂的停歇。

**语法性停顿：**标点符号是语句停顿的主要依据。一般情况下，段落之间的停顿时间最长，句号、问号、感叹号之间停顿的时间次之，逗号、分号、冒号之间停顿的时间再次之，顿号之间的停顿时间最短。

**逻辑性停顿：**根据内容的逻辑关系和层次结构，有意识地安排一些短暂的静默时刻，从而凸显演讲内容。

“创新，是推动社会进步的重要动力。它不仅能够带来新的技术、产品和服务，还能够激发人们的创造力和想象力。首先，我们要认识到创新的重要性。在当今这个快速发展的时代，没有创新就意味着落后。其次，我想给大家举几个创新的实例。比如，智能手机的出现彻底改变了我们的生活方式；再比如，互联网技术的快速发展使信息的传播变得更加迅速和便捷。最后，我想强调的是，创新不仅仅是一种技术手段，更是一种精神追求。它代表着我们对未知的探索和对未来的向往。”

在这个例子中，演讲者在“首先”“其次”和“最后”这些关键词后面使用了逻辑性停顿。这些停顿不仅使演讲者的思路更加清晰，也让观众更容易跟随演讲者的思路，理解演讲内容的逻辑关系。

逻辑性词汇还有哪些呢？

**表示顺序关系：**然后、接下来、此后、随后、最后、最终……

**表示因果关系：**因此、所以、故而、致使、综上所述、总而言之、基于此、鉴于……

**表示并列关系：**也、又、同时、再者、此外、而且、还、不仅……而且……、既……又……

**表示转折关系：**但是、然而、不过、尽管、虽然、可是、却、只是、何况、反而……

**并列性停顿：**演讲中属于同等位置、同等关系、同等样式的词语之间的停顿。

“山朗润起来了，水涨起来了，太阳的脸红起来了。”这里的“山”“水”“太阳的脸”是并列关系。

“有的嬉闹，有的捉鱼，有的玩水，还有的在采摘草地上的不知名的小黄花。此时，草地上一片欢声笑语。”这里的“嬉闹”“捉鱼”“玩水”“采摘”是并列关系。

**强调性停顿：**为了强调某个事物、重点、感情，即使在书面上没有标点符号，在生理上也可以做刻意的停顿，这属于演讲者为了强调突出某些特殊含义而做出的停顿。

“团队合作，不是简单地聚集在一起，而是需要每个人的积极参与和共同努力。**信任**，是团队合作的基石。当团队成员之间建立起深厚的信任关系时，我们的工作才能更加顺畅、高效。**沟通**，是团队合作的桥梁。只有通过良好的沟通，我们才能消除误解、达成共识，共同面对挑战。**合作**，是团队合作的终极目标。只有当我们齐心协力、共同奋斗时，才能创造出卓越的成果。”

在这个例子中，演讲者在“信任”“沟通”和“合作”这些关键词后使用了强调性停顿。这种停顿不仅让观众更加关注这些重点词汇，还能帮助演讲者传达对团队合作核心要素的强烈认可和重视。

**情感性停顿：**为了表达某种特殊感情而进行的停顿，特点是声断而情不断，声断而意不断。随着感情的变化而停顿，时而舒缓，时而疾进。

“他面临着巨大的压力和挫折，每一次尝试都似乎离成功更远。但他没有放弃，他选择了坚持。那一刻，他站在风雨中，眼中闪烁着坚定的光芒。（停顿）他告诉自己，无论多少次跌倒，都要勇敢地站起来。（停顿）然后，他深深地吸了一口气，重新迈出了坚定的步伐。”

在“坚定的光芒”“勇敢地站起来”这两句话之后，演讲者都可以有意识地停顿片刻，让观众感受那种坚定和勇敢的氛围。

停顿就像演讲中的休止符，它让演讲的节奏得以调整；停顿是情感的放大器，当演讲者谈到某个感人至深的故事或某个令人动容的瞬间时，一个深情的停顿，能够让观众感受演讲者内心的波澜起伏；停顿是掌控现场氛围的利器，在演讲过程中，有时会出现观众注意力不集中、会场秩序混乱等情况，此时，演讲者可以通过一个有力的停顿来迅速稳定现场氛围，让观众重新聚焦在演讲内容上。这种掌控力，不仅体现了演讲者的专业素养，也让整个演讲更加精彩纷呈。

## 玉米给你列清单

List

**重音**

加重音量法
拖长音节法
一字一顿法
夸大调值法
重音轻读法

and

**停顿**

生理性停顿
语法性停顿
逻辑性停顿
并列性停顿
强调性停顿
情感性停顿

## 第三节

# 调整语调和弹性，充满感情地开口讲话

在《芈月传》中芈月有一段慷慨陈词：

“朕当政，就真的有违天意吗？嬴华、甘茂等人的主张，就真的这么受人拥戴吗？你们当初当兵，必定不是为了造反，你们沙场浴血、卧冰尝雪、千里奔波、赴汤蹈火，为的不仅仅是效忠君王、保家卫国，更是让自己活得更好，让自己在沙场上挣来的功劳能够荫及家人，让自己能够建功立业、人前显贵，是也不是？

今日站在这里的，都是大秦的佼佼者，你们是大秦的荣光，是大秦的倚仗，是也不是？

我大秦曾经被人称为虎狼之师，令列国闻风丧胆，可就在前不久，五国陈兵函谷关外，我们却束手无策，任人勒索宰割，这是为什么？我们的虎狼之师呢？我们的王军将士呢？都去哪儿啦？

大秦的将士，曾经是大秦的荣光，可如今却是大秦的耻辱！当敌人兵临城下的时候，你们不曾迎敌为国而战，却在王位相争中自相残杀，这就是你们的作为！曾经商君之法约定，只有军功才可授爵，无军功者不得授爵。有功者显荣，无功者虽富但无所荣华，可有些人就是不愿意遵商法，要恢复旧制，派人来杀我。你们也不想实行新法吗？

为何你们站在了靠祖上余荫吃饭的旧族那边，自愿成为他们的鹰犬，助纣为虐，使得他们随心所欲、胡作非为，使得商君之法不能推行，兄弟相残、私斗成风。你们的忠诚不献给能够为你们提供公平、军功、荣耀的君王，却给了那些对你们作威作福、只赏给你们残渣剩饭的旧族们，是吗？

将士们，我承诺你们，从今以后你们所有付出的一切血汗，都能够得到回报，任何人触犯秦法都将受到惩处。秦国的一切将是属于你们和你们儿女的！

今日我们在秦国推行这样的律例，他日天下就都有可能推行这样的律例。你们有多少努力就会有多少回报。你们可以成为公士、上造、不更、左庶长、右庶长、少上造、大上造、关内侯，甚至成为彻侯、食邑万户。你们敢不敢去争？能不能做到？”

芈月这段收服军心的演讲，通过抑扬顿挫的语调、富有弹性的声音以及真挚动人的情感，成功地说服了大秦的将士们。她的话语中充满了深厚的家国情怀，以及对将士们的关怀和理解。在这些因素共同作用下，将士们感受到了芈月的真诚和决心，也更加坚定了为秦国奋斗的信念和决心。她的演讲不仅展示了她的智慧和才华，也体现了她作为一位杰出政治家的风范和魅力。

我们在演讲中如何充满感情地开口讲话呢？除了上一节提到的重音和停顿以外，还要学习语调的调整和声音的弹性。其实就是让演讲有丰富的节奏感，而节奏就是演讲者思想感情运动状态的外部呈现，简单来说就是抑扬顿挫、高低起伏、轻重缓急等有规律的变化。我们通过语调的“高与低”“强与弱”“虚与实”“快与慢”“松与紧”五个部分来学习如何充满感情地开口讲话。

## 一、高与低

高亢的声音如同旭日东升，充满了活力和激情，它能够在瞬间点燃观众的热情，引领他们进入激昂的氛围。高亢的声音往往用于表达强烈的情感，如激动、愤怒、喜悦、决心或激励。

低沉的声音则如同静谧的湖水，深沉而内敛，它传递出的是稳重、沉思和力量。在演讲中，低沉的声音常用于传达严肃的话题、深沉的思考，或是应用于庄重悲伤的场合。

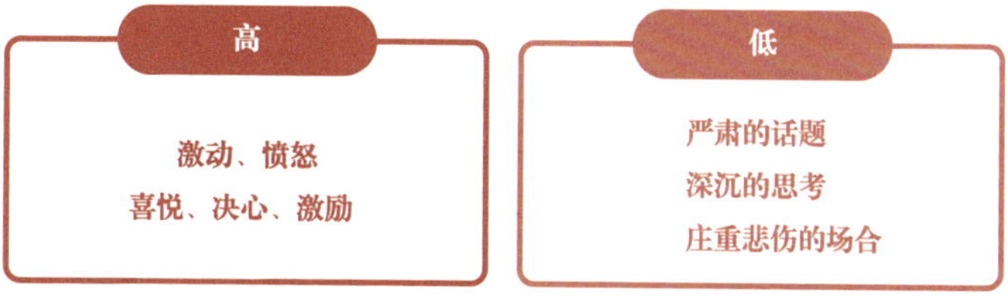


**由高到低：**“这真是一个令人难以置信的发现（高）！我们经过长时间的努力，终于找到了解决问题的关键所在（逐渐降低）。现在，我们可以放心地朝着目标前进了（低）。”

**由低到高：**“刚开始的时候，我们并不确定能否成功（低）。但随着时间的推移，我们逐渐找到了方向，也克服了许多困难（逐渐升高）。现在，我们终于看到了成功的曙光，我相信，我们一定能够取得最终的胜利！（高）”

## 二、强与弱

强音，如同夏日的阳光，炙热而耀眼。它赋予演讲力量与震撼，让每一个字句都如同重锤般砸在观众的心头。可以用在演讲者需要强调某个观点、激发观众的热情或是展现自己的决心时。然而，强音并非演讲的万能钥匙，过度的强调可能会让观众感到疲惫和不适。

在演讲中，我们还需要学会运用弱音。弱音，如同秋日的微风，轻柔而细腻。它传递的是演讲者的温柔、谦逊和深情。当演讲者需要表达某种细腻的情感、讲述一个感人的故事或是引导观众进行深入思考时可以使用。

**强**

强调某个观点
激发观众的热情
展现自己的决心

**弱**

表达某种细腻的情感
讲述感人的故事
引导观众进行深入思考

**由强到弱：**“我坚信，我们一定能够战胜一切困难！（强）只要我们团结一心，勇往直前，没有什么能够阻挡我们前进的步伐。（逐渐减弱）只要我们努力，未来一定会更加美好。（弱）”

**由弱到强：**“其实，这只是一个小小的开始。（较弱）我们面临的挑战还很多，但只要我们坚定信心，勇往直前，就没有什么能够阻挡我们前进的步伐。（逐渐增强）最终，我们必将战胜一切困难，取得辉煌的胜利！（强）”

## 三、虚与实

虚，是一种轻盈、柔和的声音状态，它如同清晨的微风，轻轻拂过观众的心田。当演讲者需要传递亲切的感情、描绘柔美的画面或是引导观众进入沉思时，虚音可以蕴含演讲者的温柔、谦逊与深情，它让观众在安静中感受演讲者的真挚与细腻。

**虚**

传递亲切的感情
描绘柔美的画面
引导观众进入沉思

**实**

透露坚定、果敢与自信
感受演讲者的力量与魅力

实，则是一种坚实、有力的声音状态，它如同山间的巨石，稳重而有力。在需要严肃、激动、紧张的感情时，实音中透露出演讲者的坚定、果敢与自信，让观众感受到演讲者的力量与魅力。

**由虚到实：**“或许，这只是一个遥远的梦想吧……（较虚）但随着我们的努力和坚持，它逐渐变得触手可及，越来越真实。（逐渐转为实）现在，我们坚信，这个梦想一定能够实现！（实）”

**由实到虚：**“这个项目的成功，离不开我们每个人的辛勤付出和团队合作。（实）正是这些实实在在的努力，铸就了今天的辉煌成果。（逐渐转为虚）然而，未来的路还很长，我们仍需保持谦虚和进取的心态，继续前行。（虚）”

## 四、快与慢

快音，如同疾驰的骏马，奔腾而有力。它赋予了演讲以紧凑的节奏和强烈的动感，让观众在短促而有力的语言中感受演讲者的激情与活力。快音在演讲者需要快速传递信息、强调某个观点或是营造紧张的氛围时使用。

慢音，如同潺潺的溪水，轻柔而舒缓。它赋予了演讲以深沉的思考和细腻的表达，让观众在悠长的语调中感受演讲者的深情与智慧。当演讲者需要深入剖析某个问题、讲述一个深情的故事或是引导观众进行深度思考时，可让慢音轻轻拨动观众的心弦。

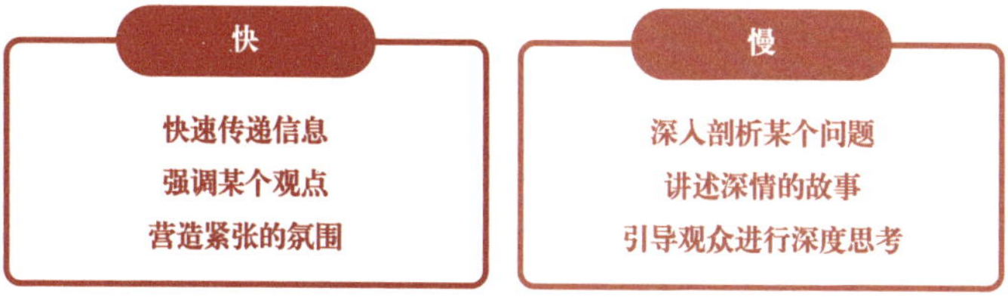


**由快到慢：**“啊，比赛终于开始了！紧张刺激，每一刻都让人屏息以待。（快）我们全力以赴，每一个动作都精准到位，汗水与努力交织在一起。（逐渐减慢）最终，我们赢得了胜利，那一刻，仿佛时间都为我们停滞。（慢）”

**由慢到快：**“起初，我们只是在默默地努力，寻找着前进的方向。（较慢）渐渐地，我们的步伐变得越来越坚定，信心也越来越足。（逐渐加快）现在，我们全力以赴，冲刺向前，向着目标奋勇前进！（快）”

## 五、松与紧

松，是声音的一种轻松、自然的状态。当演讲者希望营造一种轻松、愉快的氛围，或是与观众建立亲近的联系时，松音中蕴含着演讲者的亲切、幽默与从容，它让观众在轻松中感受演讲者的真诚与友善。

紧，是声音的一种紧张、有力的状态。在需要强调观点、激发情感或是展现决心时，紧音中透露出演讲者的坚定、激情与力量，它让观众在震撼中感受演讲者的决心与信念。

| 松 | 紧 |
|---|---|
| 营造轻松、愉快的氛围<br>与观众建立亲近的联系 | 强调观点<br>激发情感<br>展现决心 |

**由松到紧：**“其实，这个问题并不难解决。（轻松）只要我们稍作思考，找到合适的方法，就能顺利解决。（逐渐紧张）但是，时间紧迫，我们必须抓紧时间，迅速行动起来！（紧张）”

**由紧到松：**“请注意，这是一个紧急通知！（紧绷）请大家立刻行动，按照指示完成相关任务。（逐渐放松）好的，情况已经得到控制，现在大家可以稍微放松一下了。（松弛）”

总结来说，在调整语调和声音弹性时，我们可以记住以下四句话：

欲高先低，欲低先高。

欲快先慢，欲慢先快。

欲扬先抑，欲抑先扬。

欲轻先重，欲重先轻。

我们掌握了语调的抑扬顿挫，弹性的收放自如，演讲将不再是单调乏味的陈述，而是一段充满感情、引人入胜的旅程。当我们充满感情地开口讲话时，我们便能触动每一个观众的心灵，给其留下深刻的印记。演讲不仅是一种技巧，更是一种情感的表达。希望大家能让自己的演讲充满生命力与感染力，影响更多人。

### 玉米给你列清单
List

**高与低**

**强与弱**

**虚与实**

**快与慢**

**松与紧**

# 第六章

# 三步打造专业台风，让你上台充满自信

## 第一节

# 用专业的服饰搭配，让你的形象价值百万

1995 年的冬天，杨澜在多次面试失败后，遇到一位面试官以形象和简历不符为由拒绝继续向她提问。杨澜认为以貌取人是对她 25 年人生观的侮辱。于是她冲进一家咖啡馆，坐在一位英国老太太对面。老太太提醒她可以去洗手间整理下形象。当杨澜再次回到座位时，她开始反思自己的形象，意识到这样的打扮是对自己的不尊重，也会使别人觉得未被足够尊重。没有人有义务透过你邋遢的外表去发现你优秀的内在。

梅艳芳认为："能够让观众眼前一亮，吸引住他们就是成功。"所以她每次上台都会精心打扮一番，获得了"百变梅艳芳"的称号。

英国首相撒切尔夫人从政以后的第一次演讲，穿了一件褐黑色的织锦缎长外套，一排纽扣，黑紫绒的领子，这样的打扮非常得体，让 32 岁的她看起来稳重、镇定、自如，让保守党人大受鼓舞。

总而言之，在演讲这样的正式场合，一个成功的形象展现给人们的是自信、尊严、实力和影响力。就像毛姆说的："形象一定要走在能力前面，不然你的能力很容易被低估。"

那么具体应该怎样做呢？我们可以遵循国际通行的"TPO"穿搭原则、演讲主题原则和独特个人风格原则。

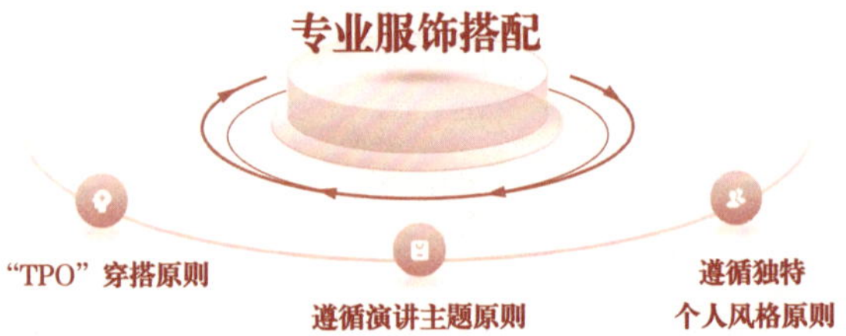


## 一、"TPO"穿搭原则

就是着装和时间、地点、场合内容相符合。

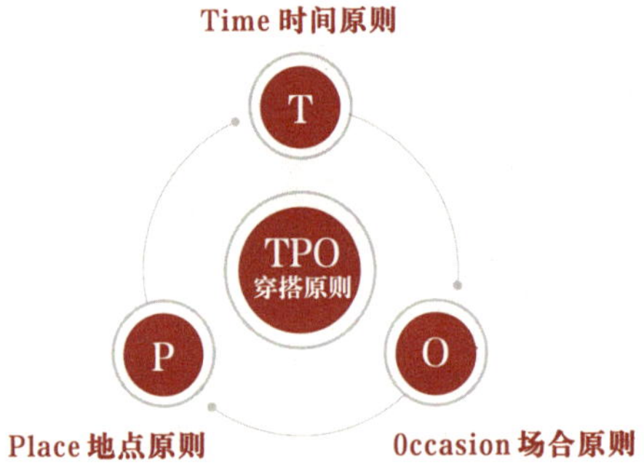


### 1. Time 时间原则

时间原则包含时间的变化、四季的更替、时代的差异。作为一名演讲者，时间原则要求我们的穿搭应与演讲的时间背景相契合。

**演讲的季节和天气状况：**在炎热的夏季，选择轻薄、透气的衣物，如浅色衬衫或薄款西装，既能保持自己的舒适，又能给观众带来清爽的视觉感受。在寒冷的冬季，则可以选择保暖性较好的衣物，如深色或暖色调的厚款外套，展现稳重而专业的形象。

**演讲的具体时间段：**如果在早晨或上午的演讲，可以选择较为明亮的色彩，如浅蓝、浅绿等，以提振精神，给观众带来清新的感觉。在下午或晚上的演讲中，则可以选择较为柔和的色彩，如米色、灰色等，以营造轻松、舒适的氛围。

**演讲的历史背景和文化背景：**如果演讲涉及某个特定历史时期或文化传统，我们可以通过服饰来呼应这些元素，使演讲更具代入感和说服力。例如，在讲述关于历史事件的演讲时，可以选择具有时代特色的服饰，如复古风格的衬衫或领带，以增强演讲的历史感。

### 2. Place 地点原则

地点原则指的是环境的变化，不同的环境需要协调不同的服饰，才能获得视觉和心理上的和谐。最好的方法就是“入乡随俗”。

**演讲的具体地点：**是在宽敞明亮的会议室，还是在温馨亲切的小礼堂？是在庄严肃穆的报告厅，还是在轻松自由的咖啡馆？不同的地点有着不同的氛围和风格，我们的服饰也应与之相协调。

在正式的会议室或报告厅中，我们应选择经典、正式的服饰，如深色西装、套装或长裙，以彰显专业性和严谨性。在小礼堂或咖啡馆等较为轻松的场合，我们可以选择色彩柔和、款式简约的服饰，以营造轻松、亲近的氛围。

**地点的环境因素：**如果演讲地点在户外，我们应考虑天气变化和场地条件，选择适合户外活动的服饰，如轻便的夹克、休闲裤或长裙，并注意防晒和保暖措施。如果演讲地点在室内，但温度较低或光线较暗，我们则应选择保暖性较好、色彩明亮的服饰，以应对环境带来的不适。

### 3. Occasion 场合原则

场合原则指的是服饰要和场合主题和谐，更要和想要达到的目的相一致。

**正式的场合：**如学术会议、商务演讲等，我们应选择经典、正式的服饰，如西装、套裙等。这些服饰应简洁大方，色彩以深色系为主，避免过于花哨或暴露的款式。同时，注意细节的处理，如领带、袖扣等配饰的搭配，以提升整体形象的专业度。

**非正式的场合：** 如校园讲座、社区活动等，我们可以选择更为轻松、休闲的服饰，如衬衫、牛仔裤等。这些服饰应注重舒适度和时尚感，色彩和款式可以更为多样，以展现个人的风格和特点。

**庄重的场合：** 我们应选择更为低调、内敛的服饰，以与氛围相协调。

**愉快的场合：** 可以选择更为明亮、活泼的色彩和款式，以营造更为轻松的氛围。

**互动的场合：** 在需要频繁走动和互动的演讲中，应选择便于活动的服饰，避免过于束缚或累赘的装扮。

**长时间站立的场合：** 应选择舒适度高、支撑性好的鞋子，以确保自己的舒适度和形象。

除了遵循国际通行的“TPO”穿搭原则之外，在演讲中还有两个关键原则值得大家在选择服饰搭配时作为参考。

## 二、遵循演讲主题原则

在演讲中，专业的服饰搭配不仅是个人形象的体现，更是对演讲主题的深刻理解和尊重。当我们选择服饰时，应遵循与演讲主题相契合的原则，以确保我们的形象与演讲内容相得益彰。

我们需要深入了解演讲的主题。无论是科技、文化、教育还是环保，每个主题都有其独特的内涵和氛围。我们的服饰应能够体现对这些主题的尊重和理解，从而与观众建立更深入的联系。

例如，在一个阳光明媚的周末，莉莉准备参加一场以环保为主题的演讲活动。在准备演讲内容的同时，莉莉也在思考如何选择合适的服饰来更好地体现主题，演讲地点定在了市郊的一座自然公园内的露天演讲台。这座公园绿树成荫、鸟语花香，与环保主题相得益彰。莉莉站在演讲台前，环顾四周，只见蓝天白云下，游客们或漫步于林间小道，或坐在草地上享受悠闲时光。她心中一动，选了一件由回收材料制成的浅绿色连衣裙。裙子上绣着精美的树叶和花朵图案，仿佛是大自然的馈赠。她还搭配了一双由废旧轮胎制成的凉鞋，既舒适又环保。此外，她还选择了一款简约而环保的手提包，里面装着她精心准备的演讲稿和环保宣传资料。当莉莉穿着这套环保服饰走上演讲台时，她的形象立刻吸引了众人的目光。她微笑着向大家介绍自己，然后开始讲述环保的重要性。她的话语中充满了对大自然的热爱和对环保事业的坚定信念，而她的服饰则成了她传递环保理念的最好注解。

## 三、遵循独特个人风格原则

在演讲中，专业的服饰搭配不仅是展现个人形象的重要一环，更是体现个人独特风格的有力手段。曾担任美国三位总统礼仪顾问的威廉·索尔比说："当你学会怎样包装自己时，它就会给你带来优势。它是一种技能，是你能够学会的技能。"

当我们站在演讲台上，服饰的选择与搭配往往能够彰显我们的个性、品位和风格，为演讲增添独特的魅力。

我们要明确自己的个人风格是什么。每个人的风格都是独一无二的，它可能源自我们的性格、生活经历、职业背景等多个方面。有些人可能偏向于简约大方，有些人可能更喜欢华丽张扬，还有些人可能追求自然舒适。无论我们的风格如何，都应在演讲的服饰搭配中得以体现。

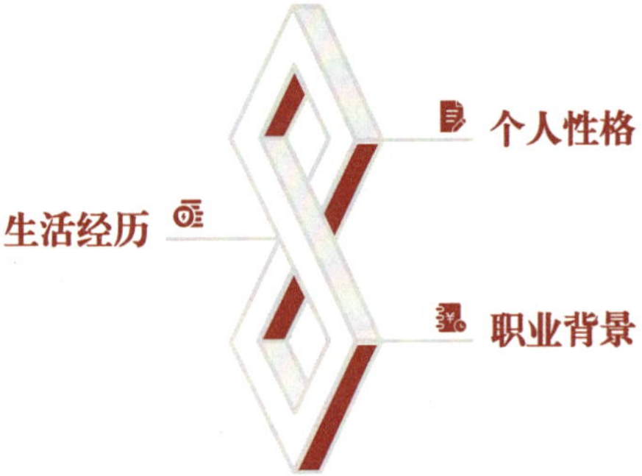


史蒂夫·乔布斯演讲穿搭风格以简约、经典和富有科技感为特点。他"三宅一生"（黑色高领T恤、蓝色牛仔裤、浅灰色运动鞋）的着装搭配，既显得随性，又不失专业和庄重。他还经常佩戴标志性的黑色框架眼镜，给人一种深邃而专注的感觉。

雷军演讲穿搭风格是什么样的呢？曾经有一段时间，他模仿乔布斯的穿搭风格，还被称为"雷布斯"，但后期他不断调整自己的风格，也更加偏向于正式和商务，非常适合创业者参考。一路走来，雷军从不修边幅全力冲刺，到板板正正证明自己，再到张弛有度收放自如，对应着他事业的发展。现在他也形成了自己的风格（西装衬衫、牛仔裤、小白鞋），既正式又不刻板，比全套西装更有亲和力。

总的来说，这些名人在演讲时的穿搭风格都体现了他们的个性和品位，也与他们的演讲主题和身份相契合。他们的穿搭成了他们演讲中不可或缺的一部分，为他们的演讲增添了独特的魅力。

当服饰在场合中不得体的时候，就是心理学所说的越界了。在演讲中以貌取人，取的未必是长相，取的是一个人散发的气质和专业。罗素曾经说过："一个人的外表，就是一个人的价值观，藏着你正在追求的人生。"诚然，形象就是一面镜子，不仅展现了你的修养，还时刻影响着你的声誉、地位、人生际遇，等等。

### 玉米给你列清单
List

**"TPO"穿搭原则**

**遵循演讲主题原则**

**遵循独特个人风格原则**

## 第二节

## 用丰富的表情语言，让你的情感打动人心

憨豆先生和卓别林大师以其精湛的身体语言和面部表情闻名于

世，他们的角色经常通过一系列滑稽的姿态、夸张的眼神和扭曲的面部表情来传达可笑的意味，传达情感和思想，使观众能够深刻感受到角色的内心世界，从而创造深入人心的喜剧效果。

憨豆先生和卓别林大师通过细致入微的观察和深入思考，将角色的情感和思想转化为生动而富有表现力的身体语言和面部表情，从而成功地塑造了一系列深入人心的电影角色。

想象一下，你站在舞台上，台下是一群渴望被打动的观众。你知道，仅凭文字是不够的。那么，如何让你的情感像箭一样射中他们的内心呢？答案就在丰富的表情语言中。表情语言主要是“表情”和“眼神”。

## 一、表情

《礼记》中指出人的七情是“喜、怒、哀、惧、爱、恶、欲”，当演讲者通过面部表情展现七情的时候，观众能够直观地感受到演讲者的情感，进而产生共鸣，更深入地理解演讲内容。演讲中表情有如下四个要点。

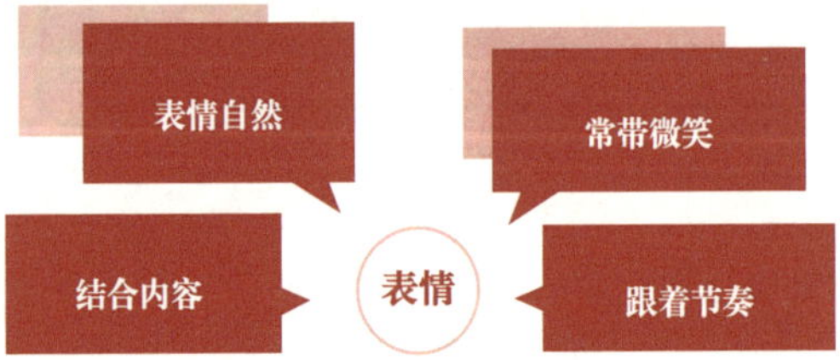


### 1. 表情自然

自然，是表情语言的第一要义。一个自然的表情就像春风拂面，让人感到舒适与亲切。反之，刻意做作或过于夸张的表情往往让人觉得别扭，甚至产生反感。因此，在演讲中，我们要时刻保持真实、自然的表情，让情感自然而然地流露出来。在演讲前，我们要认真思考所要表达的情感，并在演讲过程中保持与之相符的情绪状态。一个微妙的眼神变化、一个轻轻的嘴角上扬，都可能成为传递情感的关键。

### 2. 常带微笑

“伸手不打笑脸人”，一个真诚的微笑能够瞬间化解紧张的气氛，拉近演讲者与观众的距离，使演讲更加亲切、自然。当你站在演讲台上，面对众多观众时，一个自信的微笑能够展现你的从容与淡定，让观众感受到你的专业与魅力。微笑并非随意为之，它应该是真诚的、自然的，与演讲内容相契合的。

### 3. 结合内容

一个优秀的演讲者，他的表情会随着演讲内容的变化而自然流转，让观众在视觉上也能感受到演讲的情感深度。当演讲内容涉及欢乐、轻松的话题时，演讲者的表情应当随之变得明快、生动。嘴角上扬的弧度、眼中闪烁的光芒，都能传递内心的喜悦，让观众也不禁感受到那份轻松与愉快。当演讲内容转向严肃、庄重的话题时，演讲者的表情则应当变得深沉、凝重。眉头微蹙、目光坚定，都能展现演讲者对话题的认真与专注，让观众感受演讲者的真诚与严肃。

结合下面的内容，我们用不同的表情，你会发现应有的情感变化。

喜：今天真是开心到飞起，好事一桩接一桩！

喜

怒：我不管这个人是谁，犯法都要接受法律的制裁！

怒

哀：爷爷是去年冬天离开的。

哀

惧：一想到那个恐怖的场景，我就吓得浑身发抖。

惧

爱：我真的很爱你。

爱

恶：我讨厌那种虚伪的人，讨厌他们充满了谎言的模样。

恶

欲：我真的很想吃那块蛋糕，口水都要流出来了。

欲

### 4. 跟着节奏

一个优秀的演讲者能够准确地把握演讲节奏，并通过与之相匹配的表情语言，使演讲更加生动、有力，让情感深深地打动人心。演讲的节奏如同乐曲的节拍，有快有慢，有高潮有低谷。表情语言则是跟随这个节奏变化的舞者，时而热烈奔放，时而深沉内敛。当演讲节奏明快时，演讲者的表情也应随之活跃起来，展现激情与活力；而当演讲节奏缓慢时，表情则应更加深沉、内敛，传递思考与感悟。只有当表情语言与演讲节奏完美融合时，才能营造最佳的演讲氛围，让观众完全沉浸在演讲的情感之中。

## 二、眼神

当演讲者用坚定的眼神扫视观众时，他们展现的自信能够感染在场的每一个人，使观众更加信任并尊重他们的观点。眼神交流有助于拉近演讲者与观众之间的情感距离，使观众感受到自己的重要。同时眼神交流还能帮助演讲者更好地掌握观众的反馈。这种反馈有助于演讲者调整自己的演讲节奏和内容，使演讲更加贴近观众的需求。在演讲中常用的眼神有如下五大类。

### 1. 前视

前视的眼神尤为关键，意味着演讲者将视线直接投向观众，与每一位在场者进行心灵的对话。这种眼神交流，让观众感受到演讲者的专注与真诚。演讲者的情感得以最直接、最纯粹地表达，无论是激昂的热情，还是深沉的思索，都能通过眼神的微妙变化传递。这种眼神的交流，不仅能够增强演讲的感染力，更能让观众在情感上产生强烈的共鸣。

### 2. 环视

顾名思义，环视是全方位地观察四周，当我们说一个人正在环视时，通常意味着他的目光在不断地、有节奏地移动，从一处到另一处，从而能够覆盖整个视野内的所有事物。在演讲中，演讲者通过环视观众，观察观众的反应，了解观众的情绪变化，从而调整自己的演讲内容和方式。同时，环视也能够让演讲者更好地与观众建立联系，增强演讲的吸引力和影响力。

在环视时，我们需要保持自然、流畅的动作，避免过于生硬或机械。同时，也要注意控制环视的节奏和频率，以免让观众感到不适或分散注意力。

### 3. 点视

点视是有针对性地观察观众的某一部分，点视法可以使对方在心理上增加对发言的兴趣，获得一种得到尊重的满足。演讲者也可将点视法运用到心存疑虑的观众身上，用眼神对他们进行引导和启发，同时传达“我在关注你的疑惑”的含义。另外，点视法也能够起到一定的控场作用，使观众自行收敛情绪。

#### 4. 虚视

虚视是演讲者运用的一种转换性的目光，演讲者的眼睛好像看着什么地方、什么观众，但实际上什么也没看。虚视尽管什么也没有看在眼里，但它是良好观察力的一种过渡，是演讲者眼中无观众，心中有观众的体现。虚视法一般用在演讲者感情流露与动作配合之时，在演讲中使用的频率较高。

#### 5. 仰视

仰视是指仰面向上看，或是抬头向上看。仰视蕴含着丰富的情感和意义，人们常用仰视来表达对某人或某事的敬慕、敬仰和向往之情。例如，当我们仰望星空时，我们不仅仅是在看星星，更是在表达对浩瀚宇宙的敬畏和向往。

上述五种眼神的使用方法，有效地让演讲者与观众进行眼神互动，体现我们丰富的情感，同时还有五种错误眼神分享给大家，以下五种眼神会导致演讲效果不佳。

**俯视：**长时间低头俯视会使演讲者显得不自信。

**飘忽：**演讲者的眼神应该稳定而自信，避免频繁地四处张望或眼神游移不定。这样的眼神会让观众感到不安，也会让演讲显得不够专业。

**呆滞：**空洞或无神的眼神会让观众感到演讲者缺乏热情或专注度，影响演讲的感染力。

**紧盯：**在使用点视法时，演讲者需要注意目光的含义要明确，尽量做到适可而止，不要与特定观众进行长时间的目光接触，否则被对视的观众会有烦躁不安的感觉，而其他观众也会产生被冷落的感觉。

**逃避：**不要避开观众的眼神，演讲者应该敢于面对观众，与他们的眼神进行交流和互动。避开观众的眼神可能会使演讲者显得缺乏诚意和自信。

**玉米给你列清单**
List

**表情**

表情自然
常带微笑
结合内容
跟着节奏

and

**眼神**

前视
环视
点视
虚视
仰视

第三节

## 用得体的肢体动作，让你的姿态张弛有度

在很久以前，动物王国里举行了一场盛大的比赛，要求动物们用自己的方式讲述一个故事。小猴子和大象都决定参加。比赛开始了，小猴子站在台上，手舞足蹈，时而跳跃，时而模仿各种动物的动作，让在场的动物都为之倾倒。小猴子通过肢体动作讲述了一个关于勇气和友谊的故事。

接着是大象上台。大象站在那里，缓缓地摇动鼻子，用低沉的声音讲述着一个关于坚韧和毅力的故事。

比赛结束后，评委们开始打分。他们发现，虽然大象的故事内容深刻，但小猴子通过丰富的肢体动作，让故事更加生动有趣。最终，小猴子赢得了比赛。

有时候，一个简单的动作就能胜过千言万语。我们应该学会用肢体动作来丰富我们的表达，让语言更加生动有力。

在演讲中，肢体动作的重要性不言而喻。其不仅能帮助演讲者更准确地传达信息和情感，还能有效地增强演讲的吸引力和感染力。下面我们从演讲的站姿、走位、手势三个方面分别阐述如何拥有得体的肢体动作，让你的演讲姿态张弛有度。

## 一、站姿

在演讲的舞台上，站姿不仅是演讲者外在形象的体现，更是内在气质与自信心的外化。一个优雅的站姿，不仅能让演讲者更加自信从容地面对观众，还能为其演讲增色添彩，使整场演讲更加引人入胜。

站姿有七要，抓住这七个要素，可以及时调整自己在舞台上的基本站姿，给观众一个落落大方、自信满满的演讲者形象。

立要正、脚要稳：多数演讲者因为自己的紧张或者不经意的小习惯，会在台上不自觉地出现细碎的脚部小动作，或者站立的时候东倒西歪，而舞台本身就是一个人的放大镜，会让观众觉得演讲者有点紧张。所以要立正开口、站稳讲话。

头要抬、胸要挺、腹要收：抬头挺胸收腹，是所有关于形体礼仪的基本标准，在演讲中，你肯定不希望观众看到的是一个耷拉着脑袋、含着胸、挺着肚子、毫无精气神、看起来自卑又丧气的演讲者。

腰要直、肩要宽：“直起腰杆做人”的意思是要有尊严，有骨气，不向困难和压力低头，有自己的立场和态度。所以演讲者无论是从外在的站姿上，还是从核心的内部力量上，都需要发自内心的笃定且有力量。“肩要宽”自然是前“六要”的结果，让观众看到一个挺拔自信的演讲者。

站姿四不要，无论是出于心理因素还是个人习惯，在演讲中都不要有这四个站姿出现，会让演讲大打折扣。

不随意抖腿：紧张性的抖腿，会让观众严重质疑你的自信和能力，从而关注点就不会在你演讲的内容上了；习惯性的抖腿，呈现吊儿郎当的状态，会显得不尊重舞台和观众。

不上下踮脚：演讲者会时不时一开口讲话就踮脚尖，上下踮脚，在心理学上这是不自信的一种外在呈现。

不背对观众：演讲本身是一种“表演”类型，我们看话剧的时候都知道，话剧演员除了特殊的剧情需要，不会背对观众演出。演讲也是一样，重点是和观众传达你的内容和思想，所以不要背对着观众发言。不仅不礼貌，也不利于内容输出。

不倚靠桌子：演讲者与演讲台是一种配合的关系，演讲台是辅助演讲者存放资料的，而不是演讲者依靠休息的物体。

## 二、走位

演讲者的走位不仅仅是一种物理移动，更是一种情感的传递和与观众互动的纽带。巧妙地运用走位，可以使演讲更具活力和感染力，加深观众对演讲内容的理解和共鸣。在演讲中，有三种情况需要演讲者走位。

走位

### 1. 演讲礼仪需要

大步上台定三秒：登台演讲时步伐坚定而有力，缓缓走向舞台中央，停下脚步，稳稳地站住。这时，用三秒钟的时间静静地观察观众，与观众进行初步的眼神交流；这也是演讲者调整自己呼吸、整理思绪的宝贵时刻，站定三秒后再开口讲话。

三步往后巧转身：谢幕或者退场时，演讲者退后三步再转身优雅地离开，这样不会在舞台上看起来很突兀，也不会显得演讲者慌里慌张。一些大型的演讲都会有摄像机，特别是在和主持人或者嘉宾交接舞台时，后退三步，从摄像机的视角可以让舞台有“呼吸感”，更好地捕捉镜头。

### 2. 演讲内容需要

左右走位换观点、前走一步表强调、后退一步一段落。

成熟的演讲者，除了一些特殊的感情需要，绝不会呆呆地一直站在原地，而是会享受这个舞台，让自己在舞台上可以前后左右有节奏地来回走动。那么这个节奏如何把握呢？在更换观点、强调、结束等演讲的关键环节选择走动的方式，会让演讲内容和走位姿态融为一体。

### 3. 演讲状态需要

缓慢走动尽深情、加快脚步表激动、来回踱步次数少。

演讲走位不是必须以内容为核心去设计的，演讲者对舞台足够熟悉的时候，其实所有的走动可以从“心”出发，比如深情讲述的时候自然动作缓慢，激动愉悦的时候自然动作加快，轻松的状态下演讲者也会不自觉地来回踱步，只是次数会偏少，动作会偏小。

## 三、手势

手势是一种无声的语言，它能够增强演讲者的表达力，使内容更加生动、形象。一个优秀的演讲者，往往会巧妙地运用手势，与观众建立更深的情感联结，演讲者的手势也需要注重细节和节奏感。手势的幅度、速度和力度都应该根据演讲的内容和情感进行调整，同时作为一位演讲者，除了把控手势，还需要自然地使用话筒，注意话筒与手势的协作。接下来我们从手势的基本要领、手势的基本原则、使用话筒的原则、话筒和手势的配合四个方面，来展现可以给演讲加分的手势动作。

### 1. 手势的基本要领

我们以不拿话筒时，打开双手为例。在演讲中做手势动作，不管是单手呈现，还是双手一起呈现，需要自然大方，优雅得体。所以总结以下几个基本要领："腋下悬空、手肘微弯、手腕打直、四指并拢、虎口打开、指尖向上。"

### 2. 手势的基本原则

那么在做手势后，记住以下基本原则，有效避坑。

手不能伸太直：显得呆板、夸张，且不能有效表达语意。

手势不能太小：显得小气、不自信，呈现唯唯诺诺的状态。

手不能伸太直

手势不能太小

出手时要有力：有力量的演讲手势，可以展现演讲者的状态和坚定感，从而感染观众。

收手时有节奏：忌收太快或者太慢，显得急促或者笨拙。应该跟随演讲内容，有节奏、有配合地完成。

切忌重复动作：整个演讲手势只有一两个动作不断重复，也会让观众产生视觉疲劳。

### 3. 使用话筒的原则

以上是不拿话筒的基本要领和原则，那么作为演讲者，话筒是我们非常重要的伙伴，如何和话筒和谐相处，让它给我们锦上添花呢？

拿话筒：演讲时拿话筒不像 KTV 里唱歌，你可以随意且个性地展现自己独特的风格。在演讲中，我们需要握住话筒柄的中下方，让话筒距离下巴一个拳头的位置，然后话筒从侧面看，与身体倾斜 45 度角。

试话筒：在拿到话筒时，要检查话筒是否有声音，只需要提前询问工作人员或者看话筒的显示灯是否亮起即可。吹话筒或者用手拍话筒都是不专业的行为，且会造成现场的不适感。

### 4. 话筒和手势的配合

演讲中话筒和手势如何配合呢？分享几种常见的手势动作。演讲手势其实万变不离其宗，熟能生巧后，大家都可以拥有自己独特的舞台呈现风格，而且也不会拘泥于当下的基本动作。那在大家练成真功夫之前，还是先扎好马步，打好基础吧。

单手拿话筒，另一只手无动作时，可有以下三种呈现。分别是：自然下垂；空拳半握、自然放置腹部；拿手卡，自然放置腹部。

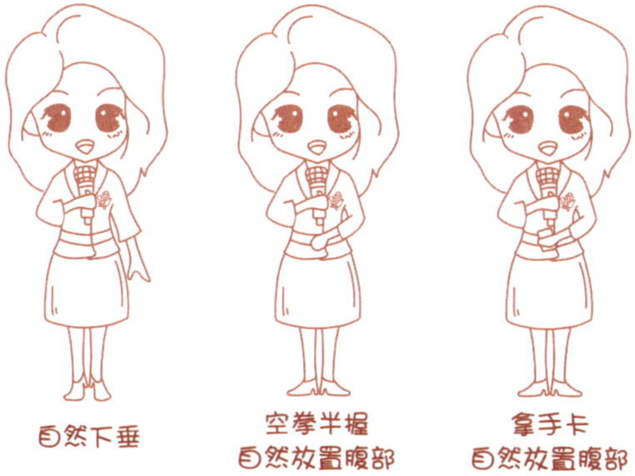

单手拿话筒，另一只手有动作时，可有以下五种呈现，以及分别可以在不同语义下使用。

切手：表示区分、层次、对比、排比等。比如：华南一、华南二、华南三；严谨、大气、风度；樊登、罗振宇、俞敏洪。

开手：表示欢迎、邀请、开放、开场、托起、号召等。比如：各位观众朋友们，大家晚上好；全体起立；扬帆起航。

掏手：表示分享、给予、指引、描述等。比如任意一段话的自然陈述和分享。

指手：表示力量、条理、指示等，切忌用手指指人。比如：第一、第二、第三；一个原则、两个基础、三个策略。

摸手：表示安静、停止、全局、局部、描述等。比如：我们这个行业、整件事情、大行情、所有力量都整合起来、让我们大家一起来。

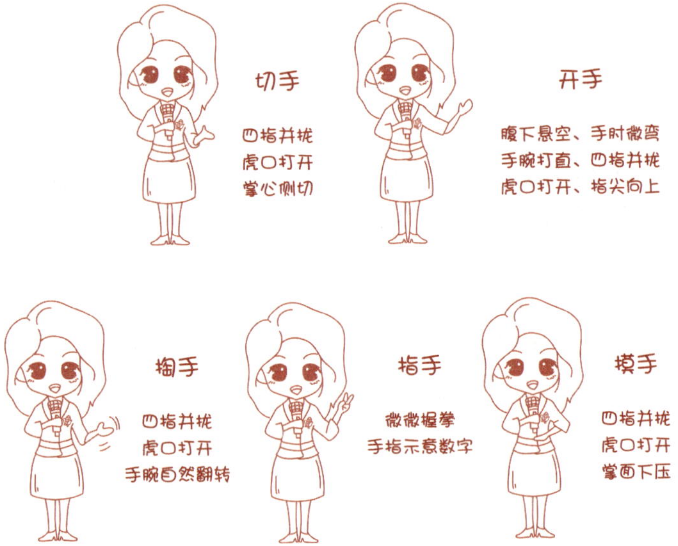


上述五种基本手势动作，为了方便大家理解并运用，总结一句

就是“切开桃子么”，分别对应“切开掏指摸”。

演讲中的肢体动作至关重要，其不仅能够增强演讲者的表达力，还能够辅助信息的传递，提升观众的理解和演讲效果。当然，演讲者在运用肢体动作时也要注意适度和自然，避免过度渲染或夸张。过于夸张或不合时宜的动作可能会分散观众的注意力，甚至破坏演讲的整体效果。

**玉米给你列清单**
List

**站姿**
**走位**
**手势**

# 第七章

# 六个商业场合，让你说服观众立刻行动

## 第一节

# 销售演讲：一个模板赢得销售大订单

演讲有三重境界：敢讲、会讲、有结果的讲。

第一重境界：敢讲——勇往直前，无所畏惧！

如果你没有从小在舞台上摸爬滚打的经验，往往不敢站在众人面前放声演讲。有人说，对讲台的恐惧比死亡还可怕！所以，每一个站在舞台上的演讲者，都突破了自己的心理障碍！

第二重境界：会讲——演讲如行云流水，一气呵成！

突破了心理恐惧之后，你就能精准把握自己的演讲内容，每一个字、每一个词都能精准表达，逻辑清晰，让观众一听就懂，明白其中的道理并采取行动改变。

第三重境界：有结果的讲——演讲之后，收钱、收人、收心！

不仅是讲完就可以了，而是有一套完整的销售演讲（以下称销讲）流程等着你呢！你得懂得通过现场分享，挖掘观众的需求，调动观众的情绪，消除他们的排斥心理，塑造产品的价值，让观众争先恐后付款买单！

如果你不会销讲，只会一对一销售，相当于零售；当你学会了销讲，学会批发式销售，可以提升几倍到几十倍的业绩。在销讲中，优秀的演讲者就像雄狮一样，他们具有自信、魅力和领导力，能够吸引观众的注意力，传达清晰、有说服力的信息。能在销售过程中克服困难，实现销售目标。

当我们销讲卖产品的时候，应该怎么谈呢？普通人谈的是价格，高手谈的是价值。谈使用价值只能卖普通价格；谈情感价值可以卖高价格，比如雷军说小米手机、江小白卖情怀、华为讲爱国；谈社会价值可以卖“天价”，就像你的梦想跟谁有关，谁就会来成就你，你的梦想跟多少人有关，就有多少人来支持你。

有一个销讲模板，分为十个步骤，帮助你赢得客户大订单。

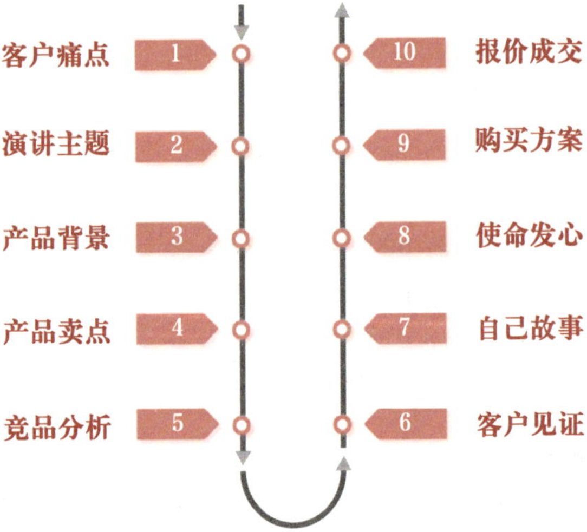

## 一、客户痛点：列出客户至少三个痛点

人性的底层逻辑是追求快乐，逃离痛苦，而且人对于痛苦的逃避远远胜于对快乐的追求。所以在销讲的开始阶段表明客户痛点至关重要，有利于吸引客户注意，使他们产生兴趣并关注后续的内容；同时让客户产生共鸣，使其理解和认同，建立信任关系，为后续的推销工作打下基础；当客户意识到产品能够解决他们的问题时，他们更有可能产生购买意愿。

那么如何确定客户痛点呢？需要深入了解目标客户群体。具体操作步骤包括：调研目标客户群体，了解他们的需求、痛点场景中遇到的问题和挑战，归纳和总结客户痛点。

雷军在 HICOOL2022 全球创业者峰会上讲过关于用户在使用智能手机时出现的痛点问题，如续航问题：小米可能会推出电池容量更大、充电速度更快的手机，以解决用户对于手机续航的焦虑；拍照效果问题：针对用户对于拍照效果的高要求，小米会不断提升摄像头的像素，优化算法，甚至引入 AI 技术来提升拍照效果；系统流畅性问题：为了提升用户体验，小米会不断优化 MIUI 系统，减少卡顿，提升响应速度，确保系统流畅运行。

## 二、演讲主题：一句话讲清楚带给客户的好处

确定演讲主题，其实就是依据上述的客户痛点给出解决方案，确保演讲主题能够准确传达这个解决方案（产品）带给客户的好处和价值。根据客户痛点和产品特点，确定一个简洁、有吸引力的演讲主题。

比如：

张瑞敏的“品牌的真谛：人的价值最大化”；

埃隆·马斯克的“第一性原理与特斯拉的产品哲学”；

杰夫·伊梅尔特的“通用电气（GE）的数字化转型与客户价值创新”；

玛丽·巴拉的“雪佛兰的产品策略：以客户为中心的创新”。

## 三、产品背景：描述产品背景及来源

介绍产品背景需要让客户了解产品的起源和发展过程。有利于增加产品可信度，因为产品背景和来源往往与产品的品质、研发团队、生产工艺等因素相关。这些信息可以让客户了解产品的可靠性、专业性和权威性，从而增加产品的可信度。同时突出产品的独特性，让客户了解为什么这款产品与众不同，最后引导客户思考，帮助客户更好地理解产品的特点和优势，从而为后续的购买决策提供依据。

2001 年乔布斯讲创业时说过一段话：“当某样东西不够好的时候，你是停下来让他变得更好，还是只是发货？你知道每个人都在看，你怎么看？我们试着停下来，让它变得更好。在我们发货之前，有问题我们会停下来解决，并以身作则。你想说什么就说什么，但每个人都非常仔细地观察，当你身处困境时，你做了什么决定，你有什么价值观。”这从侧面讲述了乔布斯在面对困境时坚持“产品第一”的理念。

## 四、产品卖点：产品带给客户的好处、价值及独特卖点

突出产品卖点需要强调产品给客户带来的好处和价值，如节省时间、提高效率、增加收益等；强调产品的独特卖点，如独特的设计、优质的材料、先进的技术等。

2023 年，小米 SU7 正式问世，毋庸置疑雷军在发布会上对小

米汽车的卖点如数家珍，赢得观众的一致追捧。

讲设计与外观时：小米 SU7 集结了全球顶尖设计师团队，包括宝马全球首位中国设计师李田原、奔驰德国总部前高级外饰设计师仇臻、宝马前高级内饰设计师 Shin 等，共同打造出优雅动感的车身线条和简洁流畅且不失力量与层次感的型面。

讲性能与驱动时：小米 SU7 Max 版采用双电机全轮驱动，具有强劲动力；采用小米智能底盘提升了车辆的轻量化、结构强度和维修成本效益。

讲电池与续航时：与宁德时代合作，电芯的安全性与能量密度均得到显著提升。在综合工况下，小米 SU7 的续航里程能够满足大部分消费者的日常出行需求，并且支持快速充电，大大缩短了充电等待时间。

讲智能驾驶辅助系统时：内置 Xiaomi Pilot 智能驾驶系统，具备车道偏离预警、自动紧急制动、自适应巡航等多项功能，有效提升了行车安全。同时，通过视频演示了小米汽车在城市领航无接管以及代客泊车等运用场景的能力。

## 五、竞品分析：做竞争对手分析，找出对标产品

进行竞品分析需要对比同类产品的特点和优势。选择具有代表性的竞品进行分析，了解其特点、功能、价格等。对比竞品与自家产品的优缺点，找出差异化优势和改进空间。

告诉客户产品那么多，你为什么要选择我们家的产品，最大的区别是什么？同时在描述自己和竞争对手的区别时，一定不要去贬低对手。

雷军在进行竞品分析这个部分体现了小米的什么产品策略呢？首先是定价策略：锚定价格，让用户感觉占了便宜，通过对比竞品

价格，为消费者提供了一个颇具竞争力的价格区间。其次是根据用户“既要、又要、还要”的痛点洞察，打造了差异化产品，将品牌定位为“50 万以内最好看、最好开、最智慧的高品质轿车”。用这种多特性捆绑的方式打造了品牌差异化。

## 六、客户见证：用图片和数据证明产品效果、使用前后改变

收集客户见证并展示客户的评价和反馈，通过问卷调查、在线评价、社交媒体等方式收集客户见证。选择具有代表性的客户见证进行展示，强调产品的效果和价值。

在华为鸿蒙 OS 系统的介绍中，部分用户反馈该操作系统使用稳定流畅、纯净且安全，具有日常使用续航时间更长、桌面小卡片简约、“超级终端”一拉即合等优点。例如，有华为 Mate 20 用户表示手机使用已满两年，但感觉良好，不卡顿；华为 P10 系列用户称使用三年半也没感觉卡。这些用户的反馈在一定程度上反映了鸿蒙系统在实际使用中的良好效果。

## 七、自己故事：自己使用产品的经历和改变

分享自己的故事需要讲述自己使用产品的经历和改变。简要介绍自己的背景和经历，与观众建立共鸣。分享自己使用产品的经历和改变，强调产品给自己带来的好处和价值。乔布斯在 MacBook Air 的发布会上，讲述了一个关于 MacBook Air 的故事。他回忆起自己多年前与一个年轻设计师的对话，当时他们讨论了轻薄笔记本的未来。乔布斯表示，他一直梦想着能够创造一款轻薄、轻便的笔记本电脑，让人们可以随时随地携带和使用。随着时间的推移，乔布斯和团队不断努力，最终推出了 MacBook Air。他描述

了 MacBook Air 的设计理念和制造过程，强调了其轻薄、轻便的特点，以及强大的性能和功能。

乔布斯还分享了一个关于 MacBook Air 的趣事。他说，有一次他带着 MacBook Air 去参加一个会议，结果被误认为是 UFO。这让他意识到，MacBook Air 的设计确实非常独特和引人注目。

通过这个故事，乔布斯成功地展示了 MacBook Air 的特点和优势，同时也增加了观众对产品的信任和兴趣。这个故事不仅让人们更加了解 MacBook Air 的背后故事，还激发了人们对产品的渴望和购买欲望。

## 八、使命发心：分享和销售该产品的发心和未来使命、目标、愿景

明确使命：首先，要明确产品的使命是什么。是为了解决某个特定问题，还是为了满足某种特定需求？

阐述发心：解释为什么选择这个使命。是因为看到了市场的空白，还是因为对某个领域的热爱？

展示愿景和目标：描述未来的愿景，即希望产品达到什么样的状态或影响力。同时，明确短期目标和长期目标。

马云是一位知名的企业家和慈善家，他的演讲常常充满激情和感染力。他经常在演讲中提到自己的使命发心，即“让天下没有难做的生意”。

在一次演讲中，马云分享了他创立阿里巴巴的初衷和使命。他表示，阿里巴巴的使命是帮助中小企业更好地开展电子商务，打破大型企业的垄断，让中小企业也能够平等地参与到全球化的市场竞争中。

马云还强调了阿里巴巴的价值观，即“客户第一、员工第二、股东第三”。他表示，阿里巴巴始终把客户放在第一位，通过不断满足客户的需求，为客户提供更好的服务。同时，他也强调了员工的重要性，认为员工是公司最重要的财富，只有让员工更好地发展，公司才能够更好地发展。

通过这样的使命发心和价值观的传递，马云成功地吸引了大量观众，激发了他们的情感共鸣。同时，他也成功地让更多的人了解并关注阿里巴巴的发展，为公司的成功奠定了坚实的基础。

## 九、购买方案：详细列出销售方案

详细描述购买产品的流程，包括如何下单、支付、配送等。

售后服务说明：明确提供什么样的售后服务，如保修期、退换货政策等。

## 十、报价成交：报出实价，限时限量限优惠成交

明确报价：清晰、直接地给出产品的价格。

限时限量限优惠：明确告知客户优惠的时间和数量限制。

呼吁成交：最后发出号召，呼吁观众购买。

以上就是产品销讲的模板，可以帮助你随时随地赢得客户订单，90% 的人是在卖产品，7% 的人是产品介绍者，只有 3% 的人是说服力演讲家。我们要训练自己成为说服力演讲家。

因为没有人渴望被成交，只有人想要被帮助，作为说服力演讲家，我们是在销讲中解决别人的困惑，顺便解决自己的产品销售问题。

**玉米给你列清单**
List

| | |
|---|---|
| 客户痛点 | 演讲主题 |
| 产品背景 | 产品卖点 |
| 竞品分析 | 客户见证 |
| 自己故事 | 使命发心 |
| 购买方案 | 报价成交 |

## 第二节

# PPT 演讲：五个方法有效传递 PPT 价值

如果你是一位大学生，你需要一份 PPT 来进行考试答辩；如果你是一位职场人，你需要一份 PPT 来进行工作汇报；如果你是一位创业者，你需要一份 PPT 来进行业务介绍。同样如果大家是从事销售、品牌、营销、公关、咨询、教育等职业，都需要 PPT。所以越是对外的工作越是重要，也越是需要 PPT。新东方年会时候非常出圈的那句话是“累死累活干不过写 PPT 的”，PPT 演讲的重要性不容小觑。

首先有 PTT 的演讲相比于直接表达来说，能够更清晰地呈现观点和信息。在演讲中，时间有限，语言可能转瞬即逝，但 PPT

却能让你的核心观点像明灯一样照亮观众。无论是数据、图表还是图片，都能直观展示，让观众一目了然。

其次，PPT 能够提升演讲的吸引力。想象一下，如果只是一味地口头讲述，观众可能会感到单调乏味。但有了 PPT 的加持，各种视觉效果和动画效果能让演讲变得更加生动有趣，就像是在看电影一样，观众的注意力自然会被吸引过来。

再次，PPT 还能帮助你更好地组织演讲内容。在制作 PPT 的过程中，你需要对演讲内容进行梳理和提炼，确保每个部分都紧密相连、逻辑清晰。这样一来，你在演讲时就能更加自信地掌握节奏和重点了。

最后，PPT 还能作为演讲的备份和记录。有时候，由于紧张或其他原因，我们可能会在演讲中遗漏某些内容。但有了 PPT 作为备份，就能随时回顾和补充。

综上所述，PPT 演讲的重要性不言而喻。它不仅能够让你的演讲更加清晰、生动和有趣，还能帮助你更好地组织内容和掌握节奏。但是 PPT 只是辅助表达的手段，主角依然是你，你花了很多时间，做了一个很精美的 PPT，但是在演讲时，穿着很休闲，含胸驼背，声音也不洪亮，讲的逻辑也不清晰，那就无法有效传递 PPT 的价值了。

接下来我们从 PPT 演讲的逻辑框架、重点强调、过渡衔接、练习要领、外在呈现五个方面来阐述。

## 一、逻辑框架

讲 PPT 时大家最容易犯的错是只盯着 PPT，噼里啪啦一通讲，丝毫不关注观众的反应。一旦有了 PPT，大家好像有了一个避风港，把自己躲到 PPT 里了；一页一页讲下去，丝毫没有逻辑，观众根本不知道你到底想讲什么核心内容。

作为演讲者，我们需要帮助观众理解此次 PPT 演讲的整体框架和核心重点。我们需要有一个强有力的逻辑体系，先让观众听得懂，再配合其他技巧让观众产生信任和行动。

分享一个"金字塔原理"，该原理起源于麦肯锡咨询的芭芭拉·名托的研究，现在成了重要的逻辑思维工具。被广泛运用在说话、写作、演讲、报告等，都可以体现系统性思维，"金字塔原理"是一种重点突出、逻辑清晰、层次分明的表达方式，具备结构化的表达，强逻辑性的支撑说明。

像金字塔一样，最上面由下面层层支撑，也就意味着在表达时，需要先抛出中心结论（金字塔顶端），再用关键理由或者事实论据（金字塔中间层）作为支撑，最后进行细节填充（金字塔底层）。这种表达方式可以让观众第一时间抓住重点，并随着演讲者逐层对核心重点进行剖析。

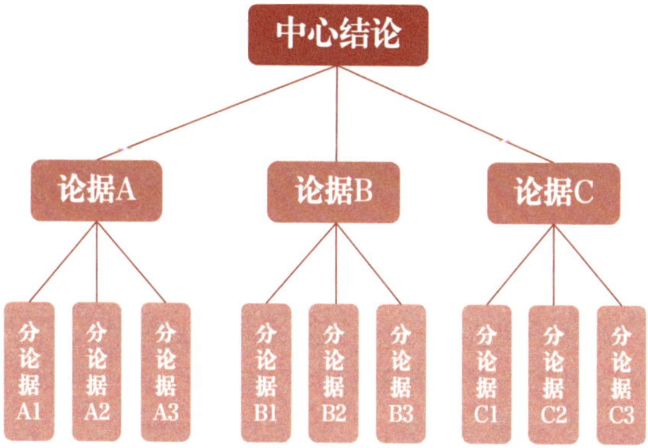


金字塔原理

在根据"金字塔原理"的表述过程中，遵循四个原则。

结论先行：中心思想和结论只有一个，放在最前面。

以上统下：任一层次的思想必须是其下一层次思想的概括。

归类分组：每组中的思想必须属于同一逻辑范畴。

逻辑递进：每组中的思想必须按照逻辑顺序组织（时间顺序、空间顺序、重要性顺序等）。

## 二、重点强调

有了“金字塔原理”的框架之后，接下来就要一页一页讲你的PPT了，尤其要重点强调“观点、结论、建议”和“重要的数据、图表”等。

你在进行PPT演讲时，想要让观众记住的核心是什么？哪些是核心优势？哪些是重要的信息？作为演讲者，把重点强调的内容拎出来，钉在观众的脑海中，你的成果也能更明确地展现。

## 三、过渡衔接

每页PPT之间、每个部分之间都要有衔接过渡，因为演讲完整性的体现就是演讲者可以展现整个演讲的起承转合，而不是只会说“下一页、下一页”，或者直接到下一页，让观众听得云里雾里。

让整个PPT演讲形成一个有机的整体，给观众一环扣一环的效果。这个衔接就像连接珍珠项链的那根线，把一颗又一颗珍珠串联起来，形成一个精美的项链，而不是散落的珠子。那么PPT演讲中常用的过渡衔接词有哪些呢？

［引入话题］首先，我们来探讨……；今天，我想重点介绍……；谈到这个问题，我们不得不提……；接下来我要说的是……

［提出观点］事实上……；我的观点是……；不难发现……

［提出问题］我想问大家一个问题……；刚刚我们提到了……那么该……；大家是否曾遇到过……

［举例说明］例如……；比如说……；以……为例……；我们可以看到……；具体来说……

［强调或重复］再次强调……；此外还有一点……；在这个基础上，我们还发现……

［对比与对照］另外……；相对的……；同时……；相比之下……；与……不同……；虽然……但是……；与之相对，更重要的是……

［因果关系］因此……；由此导致……

［补充说明］除此之外……；在这个基础上，我们还能发现……

［转折让步］然而……；尽管如此……；话虽如此……

［推进到下一话题］接下来，我们来看……；接下来我们进入第二个部分……

［结束与总结］总之，我们可以得出结论……；最后，我们回顾今天的主要观点……；回顾我们所讨论的……总之……

## 四、练习要领

如果你对内容不熟悉，或者你面对 PPT 演讲比较紧张，那么唯一的方法就是“刻意练习”。在小米汽车的发布会上，雷军晒了一个视频，他为了准备 SU7 的发布会，“前面彩排过两次了，这是第三次彩排，加油”。大家不要只看到演讲者在台上谈笑风生，而忽视了他们背后的努力和练习。没有天才，只有练习。那么可以怎么练习呢？下面分享 PPT 演讲的五个练习要领。

逻辑拉通：在完成 PPT 之后，将每页的演讲逻辑和页与页之间的演讲逻辑，全部拉通。

完整呈现：完整呈现三遍，达到驾轻就熟的目标，同时注意开场、结尾的表述，以及演讲过程中的金句、段子和亮点的印象加深。

手机录音：录音是为了自我检查，听自己在这场演讲中是否出现了卡壳，内容是否繁杂，某个讲故事的情绪是否到位等。

提前演练：拉上一位观众（家人或同事），听你完整讲一遍，讲完之后问对方："我想表达的重点是什么？哪个部分让你印象最深刻？ PPT 的画面如何？"征询观众的真实反馈建议。

现场彩排：提前去现场彩排，检查现场的电子类设备是否适配可用；站上舞台去感受，熟悉在舞台上的感觉，有利于缓解紧张；通讲一遍，可以模拟演讲，也可以心里默讲；如果台下有观众，可以和观众交流，这些观众会是你正式演讲时的熟人，也就是你演讲中的可互动的"天使观众"。

## 五、外在呈现

在讲 PPT 的过程中，演讲者的外在呈现是一个人的综合表现。在本书前面的章节，分别为大家详细说明了在演讲过程中如何外在呈现以及与观众进行互动和控场。

比如：抬头挺胸、自信大方的肢体工作；坚定有力、泰然自若的表情状态；得体洪亮、抑扬顿挫的声音节奏；调动氛围、感染观众的互动控场等，千万不要畏畏缩缩地上台。

下面补充在 PPT 演讲过程中站位和拿翻页笔的动作要领。

"侧方而立"：PPT 演讲和普通演讲有一个很大的区别就是有无 PPT 展示。普通演讲时，作为演讲者建议大家站立在舞台的中间位置，把观众的目光聚焦在演讲者的身上。PPT 演讲时，画面和演讲者都是该次演讲的“关键人物”，需要做好站位的配合。

比如：在演讲者上台时，走到舞台的正中位置进行演讲开场，然后退到舞台的左前方或者右前方位置，进行演讲分享。其中一些特殊时刻，需要把观众的注意力拉回到演讲者身上，再回到舞台中央位置。在一些大型的演讲现场，如产品发布会等，由于屏幕巨大，站位另当别论。

“顺势而拿”：假设你站在投影或者大屏幕的左边，那么“顺势而拿”就是左手拿话筒，右手拿翻页笔；如果你站在投影或者大屏幕的右边，那么就是右手拿话筒，左手拿翻页笔。反之则会出现因为要翻页，一只胳膊环抱住自己的现象。

以上就是 PPT 演讲的五个有效传递价值的方法。一场优秀的 PPT 演讲不仅可以提升演讲者的专业形象，还可以展现演讲者的个人魅力。

## 玉米给你列清单
List

**逻辑框架**
**重点强调**
**过渡衔接**
**练习要领**
**外在呈现**

## 第三节

# 主题沙龙：三个法宝赢得全场满分体验

“沙龙”一词原指法国上层人物住宅中的豪华会客厅。从 17 世纪起，巴黎的名人（多半是名媛贵妇）常把客厅变成著名的社交场所，演变到近现代类似的活动形式也被称为“沙龙”。主题沙龙的意义在于提供一个交流思想和分享知识的平台。在沙龙中，人们可以围绕特定的主题展开深入的讨论，不仅拓宽了自己的视野，还能结识志同道合的朋友，共同学习成长。在沙龙中，有机会与志同道合的人深入交流，展示你的专业知识、独特见解和个人魅力；能分享你的观点和经验，吸引更多人的关注和认可，建立起自己的专业形象和声誉。沙龙中的交流也有助于你结识更多行业内的专业人士和潜在合作伙伴，通过与他们建立联系，获得更多的合作机会和资源支持，进一步提升个人品牌价值。

沙龙的本质是可以更好地团结一群优秀的人，为精英们打造专属社交场域。这类主题沙龙有四个特点：有一位发起人、有明确的沙龙主题、根据周期定时进行、参与人数少而精。一个好的沙龙、可持续发展的沙龙一定要给参与者带来真正的价值。那么如何举办主题沙龙，可以赢得全场的满分体验呢？分享三个可实践的法宝。

## 一、有价值感

沙龙的价值本质上是展示品牌的核心理念，凸显提升品牌调性；链接异业资源，打造圈层社交；增强客户的体验感，实现触达转化留存等，但这都是对主办方的价值。那么从“利他”思维出发，对于参与者来说，他们更看重的价值感是什么呢？

**知识分享：**在一个高质量的沙龙中，可以和行业精英深度交流，或许能够找到解决问题的新思路，甚至探索全新领域。

**资源共享：**在沙龙平台，更容易主动与他人建立联系，拓展人脉，没有身份束缚，可以真实地做自己，结交更多陌生人群。

**心灵抚慰：**在忙碌生活中，我们常常忽略内心声音。沙龙像是一个温暖的避风港，让你在交流中释放压力，找到内心宁静，有利于个人成长。

**强体验感：**优质的沙龙都离不开强体验，比如精心布置的场地和准备的物料，有仪式感的创意签到，精美的现场照片等。

**个人品牌：**对于创业者，通过分享经验故事，吸引潜在的客户和合伙作伴，提升个人影响力。

所以，主题沙龙要带给参与者什么样的价值感呢？用观众反向定制的方法，做响应观众需求的沙龙主题，千万不要陷入“我以为”的陷阱中，观众需要大于我的给予。比如：“向上社交，在组织里发光”“主理人下午茶”“内卷下如何突围”等。

## 二、有发言权

设计互动和交流的环节，去中心化地看见每个人，确保每位来宾都有发言权，都有机会表达自己的观点。让每个人都有机会被赞美，被看见，被尊重，被需要。需要营造一个强交流的环境，而怎么能让一群素不相识的陌生人在短时间内快速沟通并了解对方呢？需要在整个沙龙的流程中设计沟通交流的环节。在整场沙龙中都有哪些常见的环节需要你去表达呢？比如：自我介绍、经验分享、发表观点、赞美他人、总结分享等。

一场沙龙处处体现了沟通表达的重要性，而每个环节的表达都可以总结出沟通模型，让大家面对主题沙龙这样的强沟通场景，轻松应对。

**自我介绍：**自我介绍是展现个人风采的首要窗口，一个好的自我介绍能瞬间点亮全场。

**公式：好高名人感**

好：问好。

高：表示高兴。

名：自报家门，姓名。

人：信息介绍，如：单位、行业、职务、家乡、学校、兴趣爱好、荣誉、成就等。

感：此时此刻的感受。

举例：大家好，很高兴在 ×× 读书会与大家见面，我是 ×××，来自江苏，是一位 IT 工程师，平时喜欢踢足球。很期待今天和大家共读《我的阿勒泰》，感受不一样的生活方式。（在一些偏休闲的场合，某些个人的职务等商业性的标签可以选择不讲）。

**经验分享：** 有机会进行经验分享，就是一个特别棒的曝光机会，它是知识传递与智慧碰撞的桥梁。真诚的经验分享能增进人与人之间的理解和信任，构建更加紧密的关系网。

**公式：结果—过程—感受**

结果：你本次分享的事项取得了什么结果，有什么数据证明？

过程：你是怎么做的？过程中遇到了什么困难，是怎么解决的？

感受：你有什么感受？对大家有什么建议？感谢 ×× 的支持和帮助。

举例：很荣幸今天和大家分享我是如何在 3 个月内把小红书从 0 做到 10 万粉丝的，我从以下几个步骤为大家分享整个账号管理……过程中遇到了……问题，我的解决方案是……；在这个过程中，我的感受是……建议大家……以上就是我的分享，感谢 ××× 的邀请，感谢大家的聆听。

**发表观点：** 经常性地以有效方式发表观点，能够展示你的专业能力和见解，有助于建立信赖感和个人品牌影响力。

**公式：PREP法则**

P（Point）结论先行：让对方第一时间知道你想表达的观点。

R（Reason）摆出依据：告知理由，客观公正，强化观点。

E（Example）举个例子：以案例支撑结论和数据，增强理解和说服力。

P（Point）再次总结：强化观点，加深认同，达成一致。

举例：我们的产品对您来说是最适合的；因为您最关注的产品性能，我们是首屈一指的；我们的分辨率和续航系统可以优于同类产品30%；您选择我们的产品一定没有错。

**赞美他人：**谁都无法拒绝一个“嘴甜”的人，且人和人之间关系的拉近，就是我们能看到对方的优点，并大胆赞美对方，而不是传统意义上的做一个“羞涩”的人。

**公式：FFC法则**

F（Felling）感觉：说出你内心的感受。

F（Facts）事实：用事实证明你的感受。

C（Compare）比较：找出对比显示差异。

举例：你的这个设计做得太棒了；整体风格简约大气，配色和字体看起来非常协调，而且利用了当下大火的××元素。我学习了很久都没办法达到这个水平。

**总结分享：**当总结分享内容真实、有价值且易于接受时，能够增强观众对分享者的信任和认同，促进良好关系的建立。

**公式：时间—回顾—祝福**

时间：沙龙接近尾声，可以感慨时间的流逝，来进行一句话总结。

回顾：回顾过去发生的事情、看到的现象、特殊的感受等，分条陈述。

祝福：对大家表示感谢和祝福。

举例：时间过得真快，这场 ××× 主题沙龙在大家的欢声笑语中结束了；现在想想都觉得意犹未尽，我对 ××× 提出的观点印象特别深刻，也打开了我新的认知维度；感谢 ××× 发起的这场沙龙，也感谢大家对我的提点，祝大家都能找到属于自己的人生旷野。

## 三、有强链接

所有商业背后的核心其实都是“人”，人是环境的产物，而沙龙就是一个深度链接的环境，每个人都可以被他人看见，每个人也都能看见他人，正是这些看见，我们才有机会遇到同频的人，和对的人在一起创造价值和能量。所以，怎么在沙龙中设计巧妙的方式，让大家互相产生链接、互相给予能量呢？

**自我介绍：**一个好的开场决定了沙龙 80% 的质量，好的自我介绍既可以增加沙龙的氛围感，也可以支持嘉宾的自我链接，提升沙龙的参与度。

**标签式互动自我介绍：**所有人到场后，主持人宣布接下来一起玩个游戏叫“你有我没有”，考验大家特殊标签的时刻到来。比如每个人伸出十个手指头，当有人说“我有三个孩子”，不满足就要放下一根手指头，谁最先放下全部手指头就可以抽卡，卡片是入场时每个人写的信息记录卡，抽到卡的人做自我介绍，这一圈玩下来，大家对彼此的经历、阅历以及职业都有很清晰的认知，情感联结拉满。容易让嘉宾进入深层次交流状态，也容易建立信任。

**OH 卡式自我介绍：**在开始沙龙前，准备一套 OH 卡或者一套好看的、有情绪文字的卡片，请嘉宾挑选自己最喜欢的一张卡片，请嘉宾分享为什么会挑选这张卡片，以及这张卡片代表自己什么样的状态，分享之后请嘉宾自我介绍。

**两两配对互相介绍：**沙龙主理人将嘉宾两两配对，给大家 5 分钟两两链接、互相认识。看彼此的朋友圈，5 分钟后请两两配对的嘉宾互相介绍对方，达到彼此介绍的目的。这种介绍方式，不仅可以拉近嘉宾之间的距离，还创造了一些“游戏化”的紧张感，能让大家的注意力一直在场。

**自由交流：**设定明确的、具有吸引力的、能够激发参与者兴趣和热情的交流主题。这有助于参与者更好地聚焦讨论，避免话题偏离主题。营造轻松、开放的交流氛围。在自由交流过程中，可以引入一些有趣的讨论话题或案例，以引导参与者进行深入探讨。同时，也可以适时地提出一些开放性问题，激发参与者的思考，促进观点的碰撞和交流。

**互动游戏：**一场沙龙不是讲产品和模式，而是先提供情绪价值、链接价值等。互动游戏就是一个很好的让大家打开自己、获得情绪和链接的方式。

**明信片交流：**在简短的自我介绍后，每个人都可以在明信片上写下自己在沙龙中想认识的朋友，以及感兴趣的话题。将这些明信片交给对方，大胆地去结交新朋友。

**赞美自己：**每个人说出自己的优点，增加彼此好印象。

**情感接龙：**每个人轮流说出一个与情感相关的词语，例如“开心”“难过”“愤怒”等，并分享与之相关的故事或经历。

**创意绘画：**准备一些画纸和画笔，让大家自由发挥，画出自己喜欢的事物或场景。然后轮流展示自己的作品，并分享创作灵感和过程。

**想要获得嘉宾满分体验的沙龙，还有四大忌。**

忌人多！沙龙绝对不是人越多越好，体验感和质量很重要！如果人数太多，分享者时间会被压缩，每一位嘉宾很难有“被看见”的体验感，无法形成走心流的深度链接。

忌自嗨！沙龙其实早就成了一个社交的场域及工具，特别忌讳主理人自嗨，应设计各种环节让参会的嘉宾都能有机会分享故事、分享思路、分享价值……让每个人都能成为场域主。

忌不做筛选！线下是一个人与人深度链接的场域，最核心的一定是人！如果不做筛选，很可能大家没有共同语言，导致无法同频畅聊。

忌不能持续！只有别人看到你在践行长期主义的事情，才更相信你的韧性和能够给别人提供的长期价值，商业变现才有可能！

**玉米给你列清单**
List

**有价值感**
**有发言权**
**有强链接**

## 第四节

# 赋能培训：五个步骤赢得学员一致追捧

美国哈佛大学的“学习金字塔”证实，不同的学习方式，效率完全不同。主动学习和被动学习的吸收率差距极大，“转教别人、立即应用”的主动学习，吸收率最高可达90%。因为知识从来不是一个名词，而是一个动词。“听讲、阅读”这种输入式的学习，并不等同于知识是自己的，而需要“实操、转教、应用”等输出的行为，才可以把知识最大化转变为自己的。

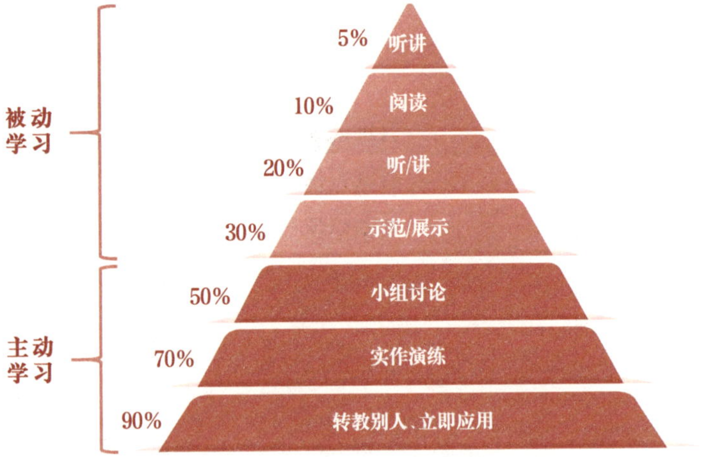


美国哈佛大学学习金字塔

从拔高演讲者的能力来看，转教别人是一个极好的演讲训练方法；对于企业而言，赋能培训也是一种重要的人才培养方式。通过培训，企业可以培养出更多具有专业技能和团队精神的优秀员工。

这种方式不仅能促进知识的传播和共享，还能通过锻炼提升赋能培训能力，增强个人的自信心。当面对观众或学员时，能够自如地表达观点、解答问题，这种自信心的提升也会影响生活和工作的其他方面。在职场中，赋能培训能力也是一种领导力的重要体现，赢得他人的尊重和信任，提升个人影响力，有利于实现更高维度的自我价值，获得巨大的满足感和成就感。

什么样的课堂可以称为“好”呢？有以下几个标准：

学员积极参与，独立思考；

学员有主动探索的过程，并善于合作；

学员敢于自由表达，有丰富的想象力；

学员敢于否定权威，学习兴趣浓厚。

想拥有一个“好”的课堂，分享五个赋能培训的步骤，助你赢得观众或学员一致追捧。这个步骤分别是：“勾、学 、练、查、结”。

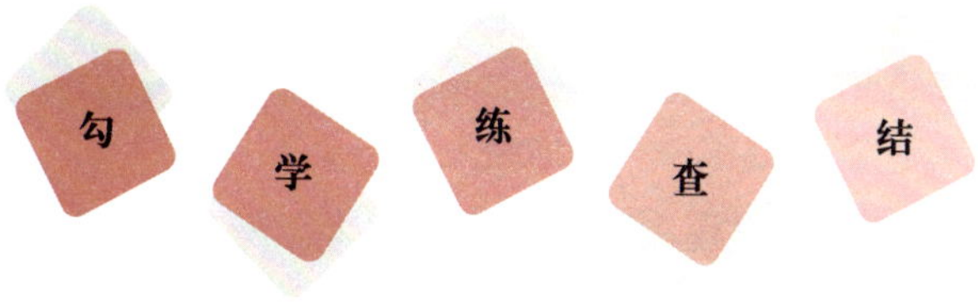


## 一、勾：下勾子，吸引注意

一个课程的开场，就像一场演讲的开场，至关重要。在第一章第一节中，我们学习了“开场两步法”，分别是“引发兴趣”和“交代要点”，在授课教学中，在此基础上，我们还要增加一个重要的内容——“建立信赖”。也就是“你是谁，为什么这堂课由你来讲，我为什么要听你讲”一个漂亮的自我介绍。

**下勾子公式 = 引发兴趣 + 自我介绍 + 交代要点**

这一节我们重点学习“自我介绍”,“引发兴趣”和“交代要点”请回看第一章第一节内容。授课中，一个亮眼的自我介绍不仅仅是告诉观众你是谁，更重要的是告诉观众为什么这堂课是你来讲，他们为什么要听你讲，建立的是专业、权威和信服力！

**MTV 自我介绍公式：Me（我是谁）+Task（成就事件、优势能力）+Value（我的价值）**

**Me 介绍自己的特征 = 姓名 + 基本信息 + 标签**

句式：大家好，我是……

我来自……我从事于……

我喜欢……我……（标签）

示例：大家好，俺是孙悟空，来自花果山，江湖人称“齐天大圣”。

**Task 介绍自己的能力 = 优势能力 + 积累方法 + 可衡量的成绩**

句式：我是一个……的人

……年的不断学习和积累

让我取得了……的成就

俺是从石头缝里蹦出来的，身怀七十二变化，手持如意金箍棒，能大能小，威力无穷。俺曾大闹天宫，吓得玉帝老儿直哆嗦，你说俺厉害不？俺保唐僧西天取经，一路上降妖除魔，历经九九八十一难。俺这火眼金睛，妖魔鬼怪一眼就看穿，保护师父平安到达西天，取得真经。

**Value 介绍自己的价值 = 可以提供的帮助 + 可以给他人的改变**

句式：很多……的人都会找我……

通过我的帮助可以让你……

能让取经路上少了许多艰险，多了许多传奇。最终成为一个身怀绝技、忠诚勇敢的斗战胜佛。

## 二、学：去教学，知识讲解

教学能力，是一个老师的硬实力。一名优秀的老师，在教学上需要拥有“知识掌控力”和“知识解读力”。

因为并不是自己会了一个知识点，就一定能很好地教授给学员，必须做到活学活用，拥有很强的“知识掌控力”。

比如并不是每一个会游泳的人，都可以自己在水中玩出很多花样来，像自由泳、蝶泳、蛙泳……这就是对游泳的掌控力。授课教学也是，两位老师拥有同样的知识储备，讲课的效果可能完全不一样，除了老师拥有个人风格和个人魅力，更重要的是老师对知识灵活运用的程度不同。有的老师照本宣科，有的老师则谈笑风生！这就是对知识的掌控力不同。

同样，并不是每一个可以活学活用、游泳很厉害的人，都可以把这种能力教给别人，优秀的父母不一定能教好自己的孩子，就是因为缺少了对知识的解读力，不能把一个知识点、一件事情说明白。

所以，一名优秀的老师，不仅要对知识点灵活掌控，还要对知识点有超强的解读能力。那应该怎么训练呢？

### 1. 知识掌控力

**深度解析与洞察。**一个人对知识有掌控力，首先表现在他能够深入剖析某一领域的知识，并洞察其内在的逻辑和规律。比如，一个历史学家在研究某一历史事件时，不仅能够梳理事件的来龙去脉，还能够深入分析事件背后的政治、经济、文化等多重因素，从而得出独到的见解。

**跨学科融合与创新。**能够跨越不同学科领域，将不同领域的知识进行有机融合，并创造新的知识和见解。例如，一个生物学家在研究生物进化时，可能会借鉴物理学中的突变理论，或者从哲学中汲取关于因果关系的思考，从而提出新的进化理论。

**精准应用与实践。**知识的价值在于应用。一个有掌控力的知识者，能够将所学知识精准地应用于实际问题的解决中。比如，一个工程师在设计一座大桥时，需要运用力学、材料学、结构设计等多方面的知识，确保大桥的安全性和稳定性。他能够根据实际情况灵活调整设计方案，解决各种技术难题，最终成功完成大桥的建设。

**持续学习与更新。**保持持续学习和更新的态度，关注学科前沿动态，不断吸收新知识、新理论，并将其融入自己的知识体系中。比如，一个科技工作者需要时刻关注新技术的发展和应用，不断更新自己的知识储备，以便在工作中能够保持领先地位。

### 2. 知识解读力

**深入剖析复杂概念。**面对深奥或复杂的概念，能够运用自己的专业知识，对其进行深入剖析和解读。例如，在讲授哲学课程时，老师能够详细解读康德的道德哲学理论，从多个角度分析其思想内涵和价值意义，帮助学员深入理解康德哲学的精髓。

**结合实际案例进行解读。**结合具体的案例，对知识进行生动形象的解读。比如，在经济学课程中，老师可以通过分析近年来的经济事件或政策调整，解读其背后的经济学原理和规律，使学员能够将理论知识与实际应用相结合，加深对经济学的理解。

**提出独到见解和观点。**提出自己的独到见解和观点，展现对知识的独特理解。例如，在文学课上，老师在解读某部文学作品时，能够结合作者生平、时代背景以及文学流派等多个方面，提出新颖而深刻的解读，引导学员从不同角度欣赏和理解作品。

**引导学员进行深入思考。**引导学员进行深入思考，激发他们的探究欲望。通过提问、讨论等方式，老师能够帮助学员发现问题、分析问题并解决问题，培养他们的批判性思维和创新能力。这样的教学方式不仅能够提升学生的学习效率，还能够培养他们的独立思考能力。

## 三、练：练一练，实践体验

在课堂上，经常会有学员说："老师，为什么我一看就会，一练就废？"这就是在老师授课时，忘记了一个很重要的环节——学员实操，也就是实践体验式教学的一种模式。实践体验式教学是一种以学员为主体，以活动为载体，让学员通过自己的感受去领悟知识，再回归实践的教学模式。这种教学模式注重对学员实践能力和创新精神的培养，通过实践让学员亲身体验知识的应用和价值，从而加深对知识的理解和掌握。

那么在学员实操体验的环节，有哪些具体可操作的方法呢？

| 实践体验 | 方式 | 作用 |
| --- | --- | --- |
| 个人作业 | 布置个人作业，学员独立完成，在课堂上展示和分享 | 培养学员的独立思考和实践能力 |
| 同伴教学 | 让学员相互教学，或者对练，分享他们的知识和经验 | 巩固学员所学知识，提高他们的教学能力和自信心 |
| 小组讨论 | 学员分成小组，就某个主题或问题进行讨论 | 促进学员互动和合作，加深对知识的理解 |

续表

| 实践体验 | 方式 | 作用 |
|---|---|---|
| 实践操作 | 让学员亲自动手进行操作 | 帮助学员更好地理解和掌握技能，提高实践能力 |
| 互动游戏 | 设计互动游戏，让学员参与其中 | 增加学员的学习兴趣和参与度，在游戏中掌握知识 |
| 模拟演练 | 模拟实际场景或情境，让学员进行演练 | 帮助学员理解和应用所学知识，提高应对能力 |
| 案例分析 | 给学员提供真实的案例，让他们进行分析和解决问题 | 培养学员在真实应用中的分析和解决问题的能力 |
| 课堂测验 | 进行小测验或者考试并及时进行补充学习 | 检查学员对知识的掌握情况，帮助学员发现不足 |

## 四、查：查成果，实践反馈

老师的反馈对于学员的成长和发展具有非常重要的作用，可以帮助学员提高学习效率，增强自尊和自信心，建立正确的学习态度和方法，增进双方的沟通和信任。

那么在查成果的环节，有哪些具体可操作的反馈方法呢？

| 实践反馈 | 方式 | 作用 |
|---|---|---|
| 点评反馈 | 课堂上直接给学员的口头反馈，可以是肯定、鼓励或建设性的批评 | 这种方式直接有效，能够让学员及时了解自己的表现 |
| 同伴互评 | 让学员之间进行互评，给出具体的反馈意见 | 帮助学员了解自己在同学中的表现和评价，同时也能促进学员之间的互动和合作 |

续表

| 实践反馈 | 方式 | 作用 |
| --- | --- | --- |
| 书面反馈 | 通过作业、测验或考试等方式给出书面反馈，可以是评语、评分或具体的改进意见 | 这种方式可以让学员更加深入地了解自己的表现和需要改进的方面 |
| 小组讨论反馈 | 组织学员进行小组讨论，并就学员的表现给出反馈 | 让学员之间相互了解和学习，同时也能让学员听到来自不同角度的反馈意见 |
| 评分反馈 | 将学员的表现分为多个维度，如知识、应用、协作等，根据学员各维度的表现给出具体反馈和评分 | 让反馈更加全面和具体 |
| 匿名反馈 | 老师可以采取匿名的方式进行反馈，也可以让学员以匿名的方式给彼此反馈 | 这种方式让学员更愿意表达自己的真实想法和意见，同时也可以减少因害怕批评而产生的不必要的压力 |
| 非语言反馈 | 通过肢体语言、面部表情等方式给出非语言反馈，如点头、微笑、鼓掌等 | 这种方式在不打断课堂节奏的情况下，传达出对学员表现的认可或鼓励 |

## 五、结：巧结尾，回顾总结

一般课堂中的结尾，老师总是会干巴巴地说“今天的课程主要学习了第一点……第二点……第三点……”就草草结束，但实际上，一个课程的收尾非常重要，巧妙设计过的结尾方式，会让整个授课非常有趣，且余音绕梁，三日不绝。

那么具体可以怎么设计呢？帮助学员更好地进行课程的回顾总结。

| 回顾总结 | 方式 | 作用 |
| --- | --- | --- |
| “一句话”总结 | 每个学员用一句话总结在课程中学到的最重要的一点 | 帮助他们集中注意力，并提炼核心观点 |
| 学员分享时刻 | 邀请学员分享他们在课程中的“灵光”时刻，即他们突然理解或领悟到的某个概念或观点 | 增强他们的自信心，并加深对其他学员的启发 |
| 快速问答抢答 | 老师提出问题，学员举手或用其他方式回答 | 既可以测试学员的理解，也可以让他们积极参与 |
| 思维导图总结 | 学员分组，一起创建一个思维导图来总结课程的主要内容，每个小组可以选择一个部分，然后将其主要观点、关键词或例子添加到思维导图中 | 完成后，各小组可以分享并讨论他们的思维导图 |
| 学习接力 | 学员分成几个小组，每个小组总结课程的一部分内容，直到所有内容都被覆盖 | 鼓励团队合作和互动 |
| 角色扮演回顾 | 回顾课程中的关键概念或场景，并让学员通过角色扮演的方式进行演示 | 帮助他们更好地理解和记住课程内容，同时增加趣味性 |
| 情感温度计 | 让学员用一个情感温度计来评价他们对课程内容的感受——例如他们对某个主题感到多么兴奋或困惑 | 提供有价值的反馈，并帮助老师了解哪些内容被很好地接受，哪些内容可能需要进一步解释 |

以上就是赋能培训时的五个步骤，可以有效地赋能他人。其实当下社会，我们每个人都是“老师”。

在生活中，我们需要用更好的方法赋能自己的亲人，培养孩子的某些能力；在工作中，我们需要用更有效地方式传达团队目标、愿景和价值观；领导者可以帮助团队成员提升技能，增强团队协作，提高工作效率。

### 玉米给你列清单
List

| | |
|---|---|
| 勾 | 下勾子，吸引注意 |
| 学 | 去教学，知识讲解 |
| 练 | 练一练，实践体验 |
| 查 | 查成果，给出反馈 |
| 结 | 巧结尾，回顾总结 |

## 第五节

# 融资路演：八步赢得投资者青睐

融资路演，是一场精心编排的演出，是创业者与投资人的心灵对话。在这场对话中，创业者需用语言作为媒介，将项目的核心价值、市场前景以及团队优势准确而生动地传达给投资人，以此赢得他们的青睐和资金支持。

标准的融资路演时间是 8 分钟，所以千万不要在路演中讲废话，因为投资人的时间都很紧凑，给创业者讲述的时间也很紧张。在路演中，可以通过以下八步赢得投资人的青睐。

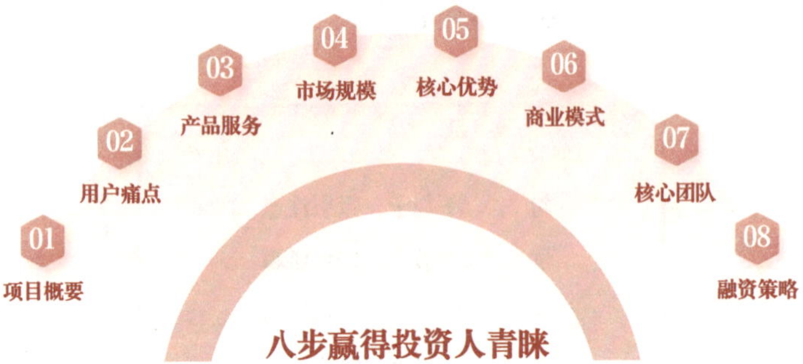


## 一、项目概要

开局第一步，简明扼要地介绍项目的核心内容。用“一句话”介绍项目“你要做的事情到底给人们的工作和生活方式带来什么改变”或者“在哪个领域解决什么问题”。

著名天使投资人徐小平曾说：“在路演的时候你不是在跟投资人对话，本质上你是在跟客户对话以及市场对话。在这个信息爆炸的时代，你凭什么能够赢得市场？市场的注意力非常有限，就像营销，你说半天，没打动顾客，顾客就不会买你的东西。”

很多参加路演的企业都会尽可能全面描述自己的项目，往往我们看到的就是一个长篇大论的开场，配合着一堆文字的 PPT 展示，特别害怕投资人听不懂自己说的内容，但其实“大道至简”，一句话才是对演讲者真正的考验。

比如：Uber“点一个按钮，开始乘车”；抖音“记录美好生活”；小红书“你的生活指南”。还有更精简的表达，比如“滴滴出行”“百度搜索”“腾讯社交”。

这些案例都极简地表达了项目核心，用一句话或一个词准确地传达了项目的核心价值，有助于吸引投资人的注意。

## 二、用户痛点

深入剖析市场的痛点，揭示用户的真实需求。这些痛点就如同棋盘上的破绽，而我们的项目正是能够填补这些破绽的妙手。所以不要讲你可以下棋，你想怎么下棋，各种排兵布阵，都不如你能发现棋局破绽，也就是不要讲你想怎么做，要讲你发现了什么生意的故事。投资人更青睐紧扣市场需求的项目，而非单纯依赖过往能力的策划。

在阿里巴巴的初始融资阶段，马云主要强调了当时商品交易中存在的痛点，主要是传统企业间的交易往往要耗费大量资源和时间，在销售、分销和采购等环节都要占用产品成本。

## 三、产品服务

在说明了用户痛点之后，我们要详细介绍产品或服务。这里，我们要像一位技艺高超的工匠，展示我们的产品是如何满足用户需求的。

阿里巴巴的解决方案是：B2B 模式可以让买卖双方在网上完成从建立印象到货比三家、讨价还价、签单、交货以及客户服务的整个业务流程，减少了许多事务性的工作流程和管理费用，降低了企业经营成本。为企业提供了一个便捷、高效、低成本的交易平台，解决了企业间交易的诸多痛点，这也与阿里巴巴“让天下没有难做的生意”的使命相呼应。

## 四、市场规模

我们要展现项目的市场规模和潜力。这如同展示一片广阔的天地，让投资人看到我们项目的无限可能。如果项目本身没有太大的发展空间，那么投资人的投资回报也是有限的，自然就没有投资的必要。

市场规模的呈现一般会从现有规模、未来增速两个方面来表达。但是融资路演时与其说存量，不如讲增量，且拥有了这个增量以后，你所具备的这个市场盘子占多大的比例才显得更加重要。

对于投资人而言，虽然对存量市场的优化至关重要，但寻找具备强大爆发力的增量市场，往往更具吸引力。简言之，投资人在资源分配上，可能更倾向于将主要精力投放在发掘增量市场的潜力上，而非仅仅聚焦于存量市场的优化。

## 五、核心优势

在激烈的市场竞争中，我们的核心优势是什么？这一步，我们要像一位战略家，深入剖析自身的核心竞争力，让投资人看到我们的独特之处。

明确你是谁：清楚自己的竞争优势，可能是技术上的创新、市场定位的独特性、运营效率的卓越，或者品牌影响力的强大等。明确你是谁之后，尽量使用具体的数据和事实来支撑你的观点，在有成功案例和客户反馈的情况下，增强投资人的信心。

明确你的敌人是谁：千万不要盲目认为自己没有竞争对手，因为没有对手往往意味着你还不知道自己要做什么。在当下社会，很多时候你的竞争对手不一定是你同行业的，有些优秀的创业者已经具备了跨领域竞争的能力。

跨领域竞争和颠覆性创新日益普遍，相机被智能手机冲击；电视被短视频冲击；传统零售行业受到电商平台的冲击；实体书店受到电子书和在线阅读平台的挑战等。

## 六、商业模式

商业模式是我们的盈利之道，也是投资人最为关心的问题之一。在这一步，要清晰地阐述我们的商业模式，让投资人看到我们的盈利潜力和可持续性。能赚钱的模式就是好模式，往往创业者说的越简单的模式，意味着其对项目的理解越深入，也意味着这个项目越可行，因为项目越复杂，能驾驭它的人越少。

但是很多创业者都不会用简单的逻辑来解释创业项目怎么赚钱。

谷歌：通过提供高质量的搜索吸引用户，并通过收取广告商的广告费，实现收入的增长。

腾讯：腾讯涵盖了社交、游戏、广告等多个领域。通过微信、QQ 等社交平台吸引大量用户，进而在游戏、虚拟物品、广告等方面实现盈利。

阿里巴巴：电子商务平台，它为企业和个人提供交易机会，并通过广告、会员费、交易佣金等方式实现盈利。

## 七、核心团队

投资，本质上是对团队的信赖与押注，优秀的团队才能铸就辉煌的未来。团队的实力往往直接决定了项目的成功与否。团队靠谱，项目可以再换；而项目靠谱，可不一定是每个团队都可以成就的。一个优秀的团队通常具备深厚的行业经验和专业知识，能够精准地把握市场趋势，制定合理的发展策略。这样的团队能够带领项目在激烈的市场竞争中脱颖而出，实现持续稳定的增长。同时，一个团结、高效、执行力强的团队，能够迅速应对市场变化，抓住机遇，将好的想法和计划转化为实际成果。

在介绍团队时，方法也至关重要，不要用假大空的套话，要学会使用数据、案例、背书等来证明团队成员的优秀。假设你用《西游记》的角色类比团队的成员，团队领袖像唐僧，能够引领团队朝着正确的方向前进；技术团队就像能降妖除魔的孙悟空，能够迅速应对各种技术挑战，让团队在激烈的市场竞争中立于不败之地；还有像沙僧一样勤劳踏实的运营团队，他们默默付出，确保项目的每一个细节都得到妥善处理；最后，别忘了那位机智灵巧、善于沟通协调的猪八戒，市场团队就如同他一般，能够迅速洞察市场变化，制定有效的营销策略，为团队的发展开疆拓土。

当你用更加生动的形象或者具有可观数据的方式来介绍团队，在投资人那里，你的表达就是有效的。

## 八、融资策略

融资并非多多益善，适度才是明智的选择。资金如水，适量滋润，过多则易泛滥成灾。融资之道，在于精准把握，量力而行，才能助力企业稳健前行。

我要融多少钱？钱要怎么用？有了这些钱可以做成什么样子？从投资人的角度，肯定也特别想知道别人把钱花到了哪里，我又能得到什么。

明确融资需求和用途是企业融资过程中的关键步骤，它有助于企业精准地确定所需的资金规模和融资方式，以及合理规划资金的使用，确保资金的有效利用和企业的稳健发展。

但是，融资路演的时间非常短，关于这部分可以不展开陈述，如果投资人对你有兴趣，那么恭喜你，可以顺利进入后续的投资人约谈，也就意味着你路演的演讲部分是成功的。

后续在投资人约谈中，我们必须明确融资的需求、用途、资金管理和使用效率。此时需要创业者深入分析企业现状，根据企业评估的财务状况、运营状况和发展战略，以及企业当前面临的主要挑战和发展机遇，确定资金需求规模。根据企业发展规划和扩张计划，预测未来的资金需求，包括固定资产投资、流动资金需求、研发支出等。

在融资路演中，还要注意以下几点：

简洁明了：内容要简洁，避免冗长复杂的表述。

突出重点：强调项目的关键优势和独特价值。

数据支持：用数据和事实说话，增强说服力。

生动有趣：讲述故事，使演讲更具吸引力。

提前准备：反复演练，确保流畅自信地表达。

## 玉米给你列清单
List

| | |
|---|---|
| 项目概要 | 用户痛点 |
| 产品服务 | 市场规模 |
| 核心优势 | 商业模式 |
| 核心团队 | 融资策略 |

## 第六节

# 线上口播：五个维度赢得粉丝流量

线上口播给了更多普通人展示自我、施展才华的机会。在短视频时代，线上口播成了一种新的表达方式，让更多人能够用语言、声音和表情来传递自己的情感和观点。无论是分享生活点滴、讲述故事，还是展示专业技能，线上口播都提供了一个广阔的舞台。通过这个舞台，普通人可以突破地域和时间的限制，将自己的声音传播到更远的地方，吸引更多人的关注和认可。

因此，我们应该珍惜线上口播这一机会，用自己的声音和表达方式去影响世界，让更多人听到我们的声音，感受我们的力量。

通过口播，刘润可将自己的商业见解、思考逻辑以及实战经验直接传达给观众，使观众能深入地了解他的思想和观点。刘润能够进而提升他的个人品牌影响力和认可度。

通过口播，李筱懿能够将自己的文学思考、创作心得以及人生感悟直接传达给观众，使观众能深入地了解她的思想和观点。李筱懿于是成了众多读者心目中的文学偶像和心灵导师。

通过口播，“直男财经”能够将自己的财经见解、分析逻辑以及实战经验直接传达给观众，使观众能深入地了解他的思想和观点，而其也成为众多财经爱好者信赖的信息来源和引路人。

无论名人还是专家学者、普通人，都可以通过口播的方式传递自己的观点和思想，赢得大众的喜爱，拥有属于自己的粉丝。

但是口播也让很多蠢蠢欲试的人，因为害怕镜头、没有话说、表现尴尬等各种原因望而却步。接下来将从五个维度分享如何拥有线上口播的能力。

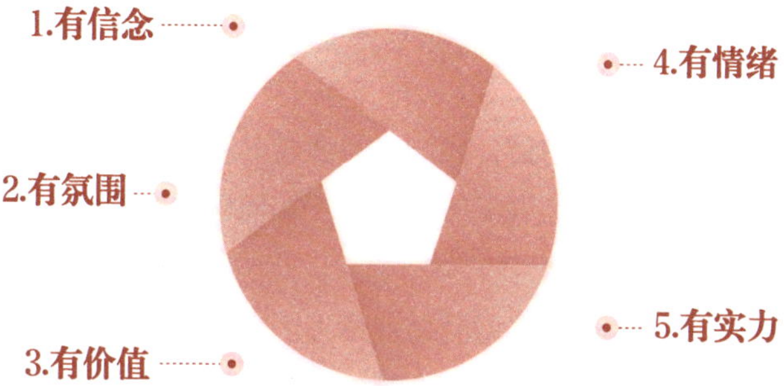


## 一、有信念

线下演讲和线上口播最大的区别是面对线下场景的演讲和面对线上镜头的分享。在没有口播短视频之前，在我们的认知中，这是播音员和主持人这类专业人才才能做好的事情。但时代给了我们普通人新的机会，给了我们普通人也能自由发声并获得更多影响力的机会。虽然这个机会对于很多人来说充满着挑战，比如面对镜头的恐惧、尴尬、无助等。

我们想获得这个时代给予我们的馈赠，就必须勇敢迎接挑战，而这个挑战已经经过无数普通人的验证。比如：北大才女刘媛媛因为口播短视频获得 2000 多万粉丝；读书博主都靓成为一股清流，做了都靓读书、都靓的 1001 页、都靓的 Amber 等账号矩阵。不管是大博主还是身边人，在这个自媒体时代，都可以通过口播获得线上粉丝的喜爱，以及通过口播获得更多的资源。总结来说答案是：普通人也可以通过口播获得更多影响力。

想要拥有口播能力，必须要有信念。

从内部因素上指的是：我们需要相信自己可以在镜头前，展现自己的独特魅力，同时要相信自己分享的内容是一个特别棒的“礼物”，送给线上的观众。这种发自内心的相信和对自我的认可，需要有信念。

从外部技巧上指的是：我们如何通过刻意练习，让自己拥有在镜头前侃侃而谈、自信满满的状态呢？如何让观众看到我们独特的个人魅力并喜欢我们呢？

**刻意练习：**大家的常见问题就是害怕镜头，接受不了自己在镜头里的状态或声音。就像我们刚开始学演讲时恐惧上台讲话，那就刻意练习，对镜头说话，不断练习自己面对镜头的声音、台风、交流感等，感受自己的一颦一笑，熟悉自己在镜头前的状态。

**提词工具：**除了不敢看到自己在镜头前的状态以外，还很害怕紧张忘词、说话结巴等问题，前期尝试使用提词器，帮助自己有效输出内容，建立口播的信心。

**即兴表达：**进行即兴表达的训练，快速整理一个主题的关键词，利用关键词的方法做口播的即兴表达。

**日常口播：**让口播日常化，就像每天起床照镜子那么自然，就不会再恐惧镜头了。从内部因素到外部技巧，做到对口播有信念。

## 二、有氛围

不管是从心理上的克服还是技巧上的提升，以及工具的使用，克服镜头恐惧感，让自己增强表达信念，最常见的方式是面对镜头输出观点。以上都是口播入门的必修课，也是口播初阶的表达方式。

随着这个行业越来越成熟化，大家对口播的要求也越来越高了，口播的呈现方式也不一样了。当你面对镜头不再害怕了，就可以从多个方面调整，让你的口播更加有氛围。

**聊天拍摄法：**看过“疯产姐妹”的抖音账号吗？她们擅长运用日常生活场景作为拍摄背景，将真实的生活片段融入视频中，使得观众能够产生共鸣和情感联结。你看她们的视频，镜头晃动很严重，但是两姐妹斗嘴互掐的感觉活灵活现，很真实。这种贴近生活的拍摄手法使得她们的内容更加接地气，也容易引发观众的关注和喜爱。

**三角拍摄法：**和你聊天的那个人正对着你，镜头放在你们俩一侧，这样形成一个三角形，有利于让口播的人更自如地呈现。

**手持拍摄法：**其实你会发现，不管是谁举着手机或者相机，你都有可能不自然，但是只有一种情况是例外的，就是你自己举着手机。比如你到了一个让你舒服的场地，人也放松了，状态自然就好了，氛围自然就有了。

除了以上三种拍摄方式，不同的团队面对口播者不同的需求及定位，还会有其他的方法，只是适合自己的才是最重要的。

## 三、有价值

口播的内容必须是有趣、有用或者有独特性的，这样才能吸引观众的兴趣和关注。内容需要简洁明了，不要冗长、啰唆或者重复。由于短视频的时间有限，需要确保在有限的时间内传达出清晰、重点突出的信息。同时，内容的表达要富有情感和逻辑结构。短视频的目的之一是通过视觉和情感的传达来引起观众的共鸣，在分享经验或见解时，要确保所传达的信息是准确可靠的，避免误导观众。

## 四、有情绪

口播短视频其实跟线下演讲一样，必须能体现情绪。镜头前的你比线下的你更容易让观众察觉到情绪，也就是说对情绪的要求更高。很多口播博主在口播时常犯的几个错误是：情绪低落，说话很平，没有重点等。那么在短视频中如何把自己的情绪随着内容“拉满”，面对镜头更有说服力呢？

眼神、表情、语气、手势，四个缺一不可。

**眼神：**在线下演讲时要求演讲者的眼神要和观众有交流，那么在口播中亦如此，不要在镜头前躲躲闪闪、飘忽不定，镜头就是你眼神的放大器！大家在口播时大部分时间看镜头，有一些时间因为场景或者需求有所调整，要训练自然的眼神状态。

**表情：**你见过皱着眉头做口播的吗？让自己放松，对镜头前的观众有强烈的分享欲望，发自内心地想要把这个“礼物”送给观众的表情应该是什么样的？“笑着”的。把内心的喜悦表现出来，跟着文案内容把自己该有的情绪通过表情展现。

**语气：**千万不要念稿子，好的语气是真实的，不管是什么样的拍摄手法，都要展现真实的聊天情景。

**手势：**自然轻松，拒绝夸张和重复。

口播账号的表现力，就是演讲的表现力，就是情绪的一种外现。有情绪的口播更加有吸引力，更容易获得观众的喜爱。

## 五、有实力

口播中适当地展示自己的实力，有利于建立信任，增加演讲的说服力。

**参观实体：**比如门店、厂房、公司等，可以让观众更直观地了解产品或服务的实际运作情况，增强其对品牌或产品的信任感。通过短视频口播的形式，演讲者可以带领观众走进实体门店，展示门店的环境、产品陈列、服务流程等，让观众感受到品牌的实力。此外，还可以与线上销售形成有效的联动，引导观众前往门店进行实地体验和消费，实现线上线下无缝衔接。

**标杆案例：**这对于增强口播内容的可信度和说服力至关重要。通过分享成功的案例，演讲者能够展示其产品或服务的实际效果和价值，使观众更容易产生共鸣和信任感。这些案例可以是典型的客户成功故事，也可以是行业内具有影响力的案例，它们都能够有效地证明演讲者所陈述的观点。

**用户心声：**这能够拉近演讲者与观众之间的距离，增强观众的参与感和认同感。通过引用用户的真实评价和反馈，演讲者可以展示产品或服务的优势以及用户满意度，从而增强观众对产品或服务的体验兴趣和购买意愿。同时，用户心声的分享还能够为演讲者提供宝贵的市场洞察和改进方向，帮助其不断优化产品和服务。

## 玉米给你列清单
List

**有信念**

**有氛围**

**有价值**

**有情绪**

**有实力**

# 第八章

# 四个维度经营个人品牌，让你拥有影响力

## 第一节

# 持续演讲：长盛不衰的个人影响力输出逻辑

个人影响力有多重要呢？看新东方与董宇辉的事件，就再一次验证了个人影响力的强大。董宇辉凭借独特的个人魅力和才华，吸引了大量的粉丝，并且在去留的问题上，董宇辉用了一句“士为知己者死”堵住了悠悠众口。让爱的人更爱他，让更多人感动并珍视这样的情怀和浪漫，也让董宇辉的个人影响力无限放大。

在个人品牌的时代，演讲对打造个人品牌的作用极其重大。北大才女刘媛媛就是一位靠持续演讲拥有个人影响力，并改变命运的普通女孩。起初她参加《超级演说家》节目表现十分出色，一场“寒门贵子”的演讲让她一举夺得总冠军，带来了广泛的知名度和影响力。后来她开始涉足知识付费领域，分享学习课程，并成功获得了不少利润。随着互联网电商的兴起，刘媛媛敏锐地抓住了这一机遇，开始在抖音带货。2020 年，她曾在 80 天内通过直播带货卖书超过 4500 万元，而在另一次直播中，她仅用 6 个小时就实现了上亿元的销售额。随后的发展势如破竹，直播间带货品类逐渐拓展到了食物、化妆品等多个领域。一路走来，不管是演讲比赛，还是知识付费，抑或是直播带货，她通过持续的演讲表达，放大个人影响力的同时也取得了事业上的成就。

这就是持续演讲的魅力。商界的乔布斯、马云、雷军等，都是演讲高手；政界的丘吉尔、林肯、奥巴马等也都是通过持续演讲在竞选中脱颖而出，成功赢得选民的信任和支持。

我们如何通过持续不断的演讲，获得属于我们的个人影响力呢？那么又有哪些长盛不衰的演讲内容呢？

接下来将分享持续演讲的内容体系和长盛不衰的内容逻辑。

## 一、持续演讲的内容体系

### 1. 秀肌肉 60%

实力展示是建立信任的基础。在演讲中，演讲者通过分享自己的专业知识、经验成就以及独特见解，能够向观众展示自己的实力和能力。这种实力的展示有助于观众对演讲者产生信任，认为他们具备足够的专业素养和解决问题的能力。当观众对演讲者产生信任时，他们更有可能接受演讲者的观点和建议，进而关注并传播演讲者的个人品牌。

实力能够提升个人品牌的权威性。在竞争激烈的信息时代，人们往往更倾向于相信那些具备实力和权威的专家或意见领袖。这也是吸引合作机会和资源的重要手段，有助于他们进一步扩大个人品牌的影响力。

### 2. 展温度 30%

展示演讲者鲜活真实的形象，比如烟火气、灵气、喜气、脾气等。

在演讲中，展现自己的情感、态度和人性关怀，能够让观众感受到演讲者的真诚和温暖。这种情感的共鸣有助于建立起演讲者与观众之间的信任和亲近感，使观众更容易接受和认同演讲者的观点和建议。一个充满温度的演讲者，能够用情感和故事触动观众的心灵，激发他们的共鸣和情感反应。这种感染力不仅能够让观众更加投入地聆听演讲，还能够使他们产生深刻的记忆和长久的印象，为演讲者带来更多的合作机会和资源。

### 3. 说产品 10%

产品是演讲者个人品牌价值的体现之一。演讲者通常会在某个领域或行业有所建树，而他们的产品或服务往往是对这些领域知识的具体应用。在演讲中，如果只是单纯的理论讲解或观点陈述，可能会让观众感到枯燥或难以产生共鸣。通过介绍产品，演讲者能够提供更具体、更生动的实例，使观众更容易理解和接受演讲内容。同时，产品介绍也能激发观众的好奇心，增加他们对演讲者的关注度和兴趣。

产品介绍也是演讲者实现品牌变现的一种途径。通过向观众介绍产品，演讲者不仅能够增加产品的曝光度和知名度，还有可能激发观众的购买欲望，实现品牌的商业价值。虽然产品介绍在个人品牌输出内容中只占 10%，但对于演讲者来说，这也是一个不可忽视的部分。

## 二、长盛不衰的内容逻辑

### 1. 帮助用户发声

帮助用户发声能够增强个人品牌的信任度和可靠性。当用户感到演讲者真诚地倾听他们的声音、积极传递他们的需求和意见时，他们会更倾向于信任演讲者，认为演讲者是一个值得依赖的合作伙伴或专业人士。

通过帮助用户发声，演讲者可以更深入地了解用户的需求和痛点。这种深入的用户洞察能力能够使演讲者更精准地定位自己的专业领域，提供更符合用户期望的解决方案或建议。

当用户的声音被演讲者有效地传递和放大时，他们的认可和赞誉也会传递给演讲者，进而提升演讲者个人品牌的知名度和影响力。这种影响力的提升有助于演讲者在行业内树立标杆地位，吸引更多的关注和机会。

### 2. 表达你的态度

表达积极、正面的态度能够增强个人品牌的吸引力。在演讲中展现乐观、自信、开放的态度，能够让观众感受到演讲者的热情和活力，从而对演讲者产生好感。这种积极态度能够提升演讲者的个人魅力，使演讲者脱颖而出，吸引更多人关注。

同时，态度能够传达演讲者的价值观。在演讲中，演讲者所持的态度往往反映了其对生活的看法、对事业的追求以及对人际关系的处理方式。

每个人的态度都有其独特之处，这些独特之处正是演讲者个人品牌的闪光点。在演讲中，演讲者可以通过表达态度来展示个性、特点和优势，从而塑造出一个与众不同的个人形象。

### 3. 做好内容选题

演讲者在持续输出的过程中，做好内容选题，会让演讲形成一阵又一阵的飓风，并逐渐形成自己的风格和魅力，以及影响力。在内容选择时遵循“热点话题 + 符合人设 + 内容价值”三点。

热点话题能够吸引观众的注意力，增加演讲的吸引力。通过关注时事热点、行业动态和人们普遍关心的问题，演讲者可以让演讲内容更具时效性和针对性，从而吸引更多潜在观众。热点话题的引入有助于提升个人品牌的知名度和影响力，使演讲者在相关领域更具话题性和关注度。

符合人设是建立个人品牌的关键要素之一。通过塑造一个独特、鲜明的人设，演讲者可以让观众更容易记住，并在他们心中形成独特的品牌形象。在演讲选题时，演讲者需要考虑如何将人设融入其中，展示个性、特点和价值观。这样不仅可以增强演讲的吸引力和感染力，还有助于提升个人品牌的辨识度和忠诚度。

内容价值是建立个人品牌的基石。演讲选题应围绕观众的需求和痛点，提供实用、有启发性的信息。通过分享专业知识、经验见解和解决方案，演讲者可以让观众感受价值，并建立起信任和认可。有价值的内容有助于提升个人品牌的专业度和权威性，使演讲者在相关领域成为权威人士和意见领袖。

**玉米给你列清单**
List

| 内容体系 | and | 内容逻辑 |
| --- | --- | --- |
| 1.秀肌肉 60%<br>2.展温度 30%<br>3.说产品 10% | | 1.帮助用户发声<br>2.表达你的态度<br>3.做好内容选题 |

第二节

## 演说定位："定位定天下"的三个锚点

德国有一家建筑巨头，叫菲利普·霍尔兹曼建筑公司，在过去100多年的发展过程中，这家公司承接了大量项目，其中有很多是我们至今都耳熟能详的知名工程，比如德国国会大厦、吉隆坡石油双塔等。20世纪90年代初，菲利普·霍尔兹曼建筑公司的管理层开始有点儿飘了，觉得德国房地产行业必将大有作为，于是盲目自信地迈出了多元化的步子。他们迅速进入这个与其主营业务关联不大的产业领域，实施多元化战略，将公司资源全部向房地产业务倾斜。然而好景不长，德国房地产行业持续呈现低迷状态、徘徊不前，导致其无法实现盈利，菲利普·霍尔兹曼建筑公司从此陷入了不可自拔的泥潭。到 2002 年，这个曾经的建筑巨擘已经累积巨额债务，最终无力回天，轰然倒塌。

很多人在自己长期钻研的领域不断积累，这通常可以让自己如鱼得水。但在这个变幻莫测的时代，如果找不准自己的定位，想要取得优势是很难的。

演讲也同样如此，在演讲学习的道路上，定位不清晰是一个常见的痛点。我曾辅导过众多学员，其中不乏因定位模糊而倍感困惑的学员。李明是一个对演讲充满热情的年轻人，他渴望通过演讲展示自己的才华，从而影响更多人。然而，在他开始学习演讲之初，并没有明确的演讲定位。他既想成为激励人心的励志演讲者，又想成为深入剖析社会问题的思考者，还想成为幽默风趣的脱口秀演员。这种多重定位使得他在学习过程中感到迷茫和疲惫。他的演讲内容显得杂乱无章，缺乏明确的主题和观点，让观众感到困惑和无聊。作为他的辅导老师，我与他进行了一次深入的交流。我告诉他，演讲学习的关键在于明确自己的定位。只有明确了定位，才能有针对性地进行学习和练习，才能在演讲中展现自己的特色和优势。

经过一段时间的努力和实践，李明的演讲水平得到了显著提升。他开始在各种场合和观众面前展示自己的才华和思考，赢得了越来越多人的认可和赞赏。他也因此变得更加自信和坚定，对自己的演讲之路充满了信心和期待。

演讲之旅和人生一样，都需要拥有明确的定位，这样才能努力做自己擅长的事，直至做到极致。我们一起来看看演说定位的三个锚点。

## 一、方向定位

树的方向，风决定；人的方向，自己决定。永远记住，选择大于努力。在演讲中，我们选择讲什么呢？

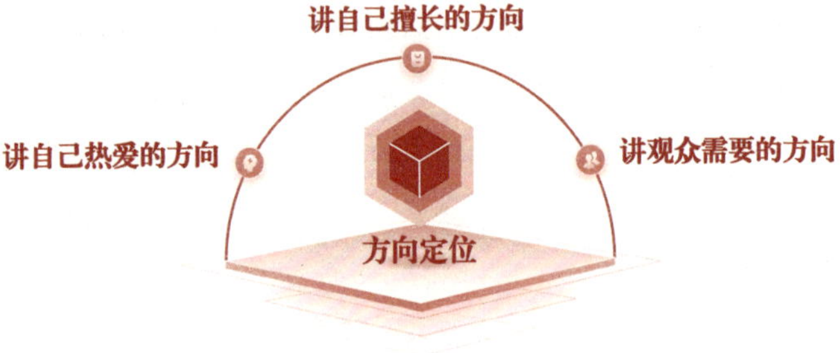


### 1. 讲自己热爱的方向

谷爱凌拿到金牌接受采访时说：“我做的所有事情，都是因为我喜欢。”

乔治·桑德说：“真正热爱自己事业的人，永远不会觉得自己在工作。”

拿破仑认为：“那些成功人士之所以成功，是因为他们能够全情投入，并且热爱自己所作的事情。”

优秀的演讲者要讲热爱的方向，才能不厌其烦，精益求精，即使困难重重，仍然不愿意放弃。

首先，热爱让演讲者更加投入和专注。当演讲者对自己所讲的话题怀有深厚的情感时，他会更加用心地准备和研究，深入挖掘话题的内涵和价值。

其次，热爱让演讲者更具魅力。他的激情和真诚能够打动人心，让观众产生共鸣和认同感，从而更加愿意倾听和接受演讲者的观点。

再次，热爱也让演讲者更能够应对挑战和困难。在演讲过程中，难免会遇到一些意外情况或观众的质疑和挑战。但是，如果演讲者对自己所讲述的内容充满热爱，他就会更加坚定自己的信念和立场，从容应对各种情况。

最后，热爱是演讲者持续进步和成长的动力。演讲是一个不断学习和提升的过程，而热爱则是推动演讲者不断进步的重要动力。当演讲者对自己所热爱的话题不断深入研究和实践时，他们的演讲技巧和表达能力也会得到不断提升，从而能够在舞台上有更加出色的表现。

### 2. 讲自己擅长的方向

张为民，一名在新疆地区工作的技术专家，自 2019 年来到河南能源新疆公司后，便全身心地投入工作中。他担任了 20 万吨 / 年甲醇项目的技术员，在甲醇项目的往复式压缩机试生产过程中，张为民遇到了一个棘手的问题。由于设备缺陷，压缩机的大头瓦频繁损坏，导致曲轴受损。尽管邀请了专家和外委人员进行检修，但问题仍未得到根本解决。然而，张为民并未放弃。他深入研究，认为只有从源头上找原因，才能彻底解决问题。经过不懈努力，他终于找到了损害曲轴的根本原因，并成功解决了这一难题，从而确保了压缩机的正常运行。

张为民的出色表现得到了公司领导和同事们的广泛认可。他多次被评为安全优秀员工，并在 2022 年荣获了“优秀工匠”称号。他的成功不仅在于他的专业技能，更在于他对工作的热爱和执着。他始终坚信，只有做自己擅长的事情，才能取得更好的成绩。

进行一场演讲，一定是选择讲自己擅长的方向。很多学员经常会问我一个问题："老师，我为什么没有内容可以讲？为什么其他人可以侃侃而谈？"是不是因为你讲的是自己不擅长的，而别人讲的刚好是他的专业领域呢？

### 3. 讲观众需要的方向

你想通过演讲影响谁？这样的人多不多？他们正在面临什么样的问题？你可以通过演讲让他们获得什么？

满足观众需求是实现有效沟通的关键。因为演讲不仅仅是一个单向的信息传递过程，也是一个与观众互动和建立链接的过程。同时当演讲内容与观众的兴趣、需求或问题紧密相关时，观众更容易产生共鸣，并对演讲内容产生浓厚的兴趣。

不同的观众群体可能有不同的文化背景、知识水平和理解能力。通过了解观众的特点和需求，演讲者可以选择更易于理解的语言和表达方式，确保信息能够顺畅地传达给观众，并避免产生误解或混淆。一个优秀的演讲者不仅要有深厚的专业知识和较强的表达能力，还要能够站在观众的角度思考，展现对观众的尊重和关心，进一步拉近与观众的距离，建立更紧密的联系。

## 二、人设定位

一个成功的企业不仅要让消费者记住它的名字，还必须立足于品牌个性和独特的视觉形象，吸引更多的消费者。对于演讲者来说，一个鲜明而独特的人设不仅能够帮助其在众多演讲者中脱颖而出，更能有效传递演讲的核心信息，让其逐渐树立自己的个人品牌。

当然人设并非一蹴而就的，它需要演讲者在长期的实践中，不断根据自己的特点和优势，量身定制符合自己的人设。长期经营自己的人设，也就是长期经营以下三点。

### 1. 信任点：强专业

你是谁？必须让观众知道你是谁，才能从演讲的开始就获得信任感，也就是我们人设中的主标签，这个主标签只有一个，但是主标签是可以随着你的专业或职位的升级而升级的。

### 2. 闪光点：更真实

你还是谁？除了主标签的身份，你还有什么其他的身份吗？因为闪光点是你和观众情感的联结，决定了大家喜不喜欢你。为了强化你和观众的联结，你的兴趣爱好、生活方式、职业身份、资格证书等，都可以让观众与你有更多的情感联结。

当然闪光点可以有很多个，但是闪光点有没有用，不看数量，看对象。不同的场合可以用不同的闪光点去匹配主标签。

### 3. 记忆点：被记住

有记忆点出圈效率会更高，因为个人影响力就是靠记忆点去引爆的。那如何找到记忆点呢？可以参考以下几个方式。

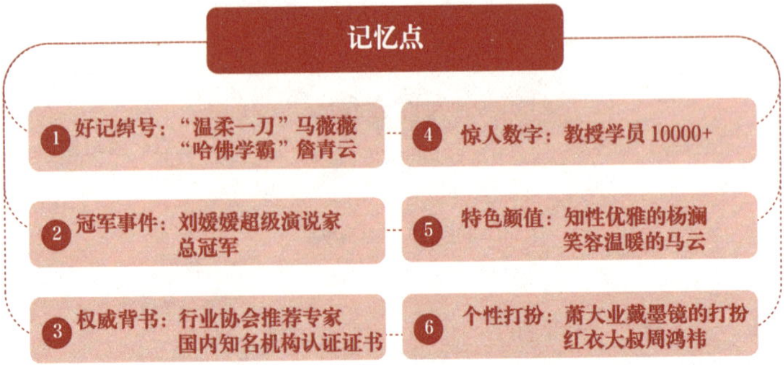


## 三、内容定位

对演讲进行内容定位，是演讲前必不可少的一步。它不仅能够帮助你明确目标、构建逻辑框架、准备充分并减少紧张情绪，还能够确保信息传递的准确性并适应不同观众的需求。因此，在准备演讲时，请务必从以下三个方面先确定要讲的内容。

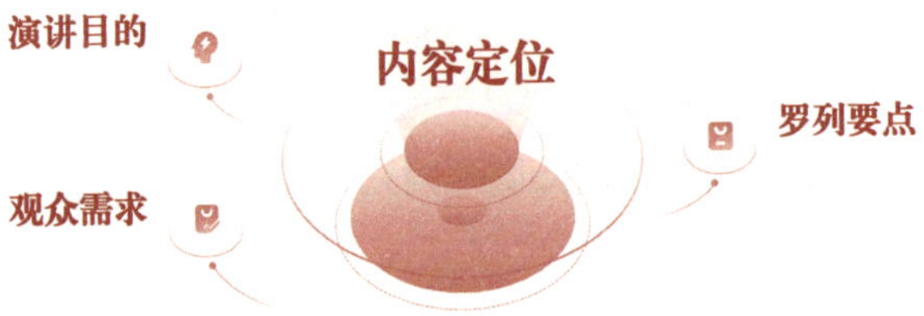


### 1. 演讲目的

准备一场演讲一定要有明确的目的。当演讲者清楚自己的目的时，才能更有针对性地选择和组织演讲内容，确保信息的准确性和相关性。

不同的目的需要不同的表达方式和情感渲染。如果演讲的目的是让观众感到某种情绪，如激励观众，那么演讲者的语言应该充满激情和感染力；如果演讲的目的是让观众知道某种信息，如传授知识，那么演讲者的语言应该更加客观和严谨；如果演讲的目的是让观众学会某种方法，那么演讲者就应该更加注重现场的方法和实践。

### 2. 观众需求

把握观众的需求，就是把握演讲的脉搏。了解观众想听什么，是演讲者成功吸引观众并传达信息的关键。为了达到这一目的，演讲者需要在准备演讲时对观众进行深入的分析和了解。比如了解观众的基本信息，如他们的年龄、性别、职业、文化背景等。这些信息有助于演讲者判断观众的兴趣点和可能存在的偏见，从而调整演讲的内容和风格。

关注观众的需求和期望。通过调查问卷、社交媒体互动、观众反馈等方式，演讲者可以了解观众希望听什么话题，他们在哪些方面存在困惑或需求，以及他们对演讲的期望和态度。这些信息可以帮助演讲者确定演讲的主题和重点，确保演讲内容能够贴近观众的实际需求。

### 3. 罗列要点

当明确了演讲的目的和观众的需求之后，就可以围绕此次演讲的主题，罗列演讲要点。

通过罗列演讲要点，演讲者能够更清晰地把握演讲的整体框架和核心内容。演讲要点是演讲的框架，它们共同构成了演讲的主体部分，帮助演讲者在演讲过程中不偏离主题，并且能够系统地、有条理地展开论述。有助于演讲者更好地组织语言，提高表达的逻辑性和连贯性。有助于演讲者更好地控制演讲时间，确保在规定的时间内完成演讲。通过明确每个要点的讲解时间，演讲者能够更好地安排演讲的节奏和进度，避免因为时间不足而匆忙结束或因为时间过长而让观众感到疲惫。

**玉米给你列清单**
List

**方向定位**

**人设定位**

**内容定位**

## 第三节

# 个人故事：三种故事放大个人影响力

在中东有一位老人，养着一群羊和一块地，过着非常穷苦的生活。老人整天想着怎样发家致富。有一天，村里来了一位长老，这个长老告诉他，在这个世界上有一种东西，比小指甲盖还要小，但是你只要拥有一颗，你就可以富足地过一生。老人立马问长老："在什么地方可以找到这种东西呢？"长老告诉他："这种东西叫钻石，我从遥远的西方过来，在那里我见过这种东西。"老人马上做出决定，回去把自己的羊和地都卖了，然后有了一些盘缠，收拾好自己的行囊，向西方进发。老人一直往西走，走过了莱茵河，也走过了多瑙河，走了10年，老人胡子也长了，头发也乱了，10年之后，他来到了西班牙，这时的老人壮志也丧失了，盘缠也用光了，始终没有找到钻石，最后老人走进了大海结束了生命！

说来也巧，买老人地的是一位年轻人，他想把这个地重新整理一番，然后种上庄稼。年轻人在整理地的时候，发现地中间有一个泉眼，这个泉眼被很多乱石覆盖着，他扒开乱石的时候，在这个泉眼当中找到了一些亮闪闪的东西，当时他发现了5颗，但他并不知道这是什么，村里最有知识的就是那位长老，于是他拿着这个亮闪闪的东西去问长老："请问长老，这是什么？"长老一看："莫非那个老人回来了？""你说哪个老人？""就是卖给你地的那个老人。"年轻人说："没有看到他。""那你从哪里找到这样的东西？"年轻人说："我带你去看。"当年轻人带着长老来到这个泉眼边上，他们继续在泉眼里寻找，结果又找到5颗，年轻人从此过上了富有的生活。

每个人都相信，外面的世界藏有宝藏，也习惯到外面的世界寻找，可你却不知道，在你的内心深处，就埋藏着这样的宝藏。很多演讲者都习惯到报纸、电视、杂志上去寻找一些素材，可是在我们丰富的经历当中就埋藏着好多特殊的素材。当你在做演讲准备时，选择往自己的内心去寻找，就会发现宝藏露出来。

如何让观众更加认可你？如何快速加深你与目标观众的关系？如何让观众更好地为你买单？答案就是，讲故事。苏珊·格利弗说："一个真正伟大的故事，永远不会被遗忘。"

作为一个擅长演讲，并且会通过演讲赋能个人影响力的你来说，在人生经历中到底可以讲哪些故事呢？哪些故事可以体现你的态度、价值观，可以放大你的影响力呢？答案就是：个人成长故事、客户见证故事、团队合作故事。

## 一、个人成长故事

演讲高手都善于讲自己的故事，比如俞敏洪、马云、乔布斯等；脱口秀达人也都非常善于用自己的故事讲段子，比如李雪琴、徐志胜、呼兰等；辩论赛辩手为了辩题也经常讲自己的经历，比如詹青云、傅首尔等。他们都善于讲自己的故事，达成不同的目的，获得不同的效果，让观众因为听到他们真实的故事，而更加立体地认识演讲者，或被他们打动，或被他们鼓舞，或被他们影响。

俞敏洪在超级演说家的舞台上讲了自己大学的一个故事："在大学的时候，难道我不想谈恋爱吗？那为什么没有呢？首先我就把自己看扁了。我在想我要去追一个女生，这个女生就会说：你真是癞蛤蟆想吃天鹅肉。要真出现这样的情况，我除了上吊和挖个地洞跳进去，我还能干什么呢？所以这种害怕阻挡了我所有本来应该在大学发生的各种美好。其实现在想来，这是一件多么可笑的事。你怎么知道就没有不喜欢你的女生呢？就算你被女生拒绝了，那又怎么样呢？这个世界难道会因为这样一件事改变吗？那种把自己看太高的人，我们说他狂妄。但是一个自卑的人，一定比一个狂妄的人还要糟糕。自卑的人永远会失去本来就属于他的机会。"

俞敏洪的演讲能够打动观众，靠的不是大道理，而是一个个生动而真实的个人故事。在这本书的前面章节中，我们学习了怎么讲故事，那么这里来分享个人成长故事可以讲哪些？

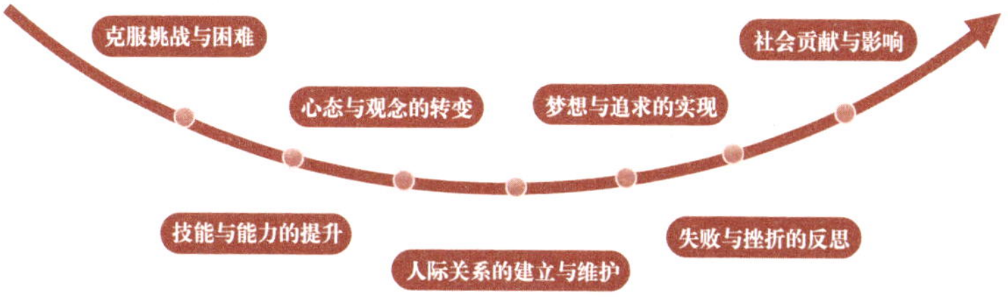


**克服挑战与困难：**分享你在生活或职业生涯中遇到的重大挑战，如健康问题、经济困境、职业转型等，以及你是如何通过努力、坚持或寻求帮助来克服这些障碍的。这样的故事能够展现你的毅力和不屈不挠的精神。

**技能与能力的提升：**讲述你如何从一个初学者或门外汉成长为某个领域的专家或能手，可以包括学习新技能、提升专业能力、掌握新知识等方面的经历。这样的故事能够展示你的学习能力和自我提升的决心。

**心态与观念的转变：**分享你在人生观、价值观或心态上的重大转变。比如，从消极悲观到积极乐观，从自我怀疑到自信满满，从追求名利到追求内心的平静与满足等。这样的故事能够展现你的成长和成熟，以及对生活的深刻理解。

**人际关系的建立与维护：**讲述你如何与不同背景、性格的人建立并维护良好的关系，可以包括与家人、朋友、同事或导师之间的故事。这样的故事能够展示你的人际交往能力和情商，以及你在人际关系中获得的成长和支持。

**梦想与追求的实现：**分享你追求梦想或目标的过程和结果。可以是你从小到大的梦想，也可以是你职业生涯中的某个重要目标。这样的故事能够展现你的激情和动力，以及你为实现梦想所付出的努力和牺牲。

**失败与挫折的反思：**虽然听起来可能有些沉重，但讲述你的失败和挫折，以及你从中吸取的教训和反思，也是非常有力的个人成长故事。这样的故事能够展示你的勇气和诚实，以及你对失败的正确态度。

**社会贡献与影响：**如果你有机会参与社会服务、公益活动或对社会产生积极影响的项目，那么这些经历也是很好的个人成长故事。分享你如何通过这些活动成长，以及你对社会的贡献和影响。

记住，在讲述个人成长故事时，要注重情感的真实性和细节的生动性。通过具体的例子、真实的感受和深刻的反思来打动观众的心，从而放大你的影响力。

## 二、客户见证故事

客户的故事会让他人产生信任，同时也是最好的成交证明。通过第三方的视角，展现产品或服务的价值，能够极大地增强观众的信任感。不管你卖什么产品，挑选能让客户产生共鸣的故事，就会对客户有极大的推动力。一个好的客户故事有利于建立产品或者品牌的公信力，也能实现口碑传播。那么可以讲哪些客户故事呢？

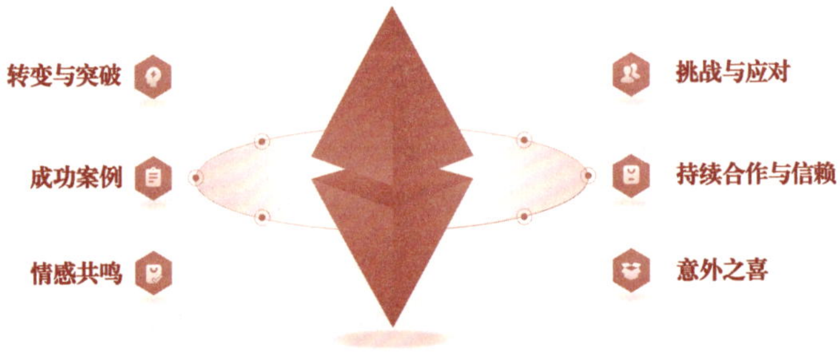


**转变与突破：**分享客户在使用你的产品或服务之前所面临的问题、挑战或困境，以及他们如何通过你的解决方案实现了显著的转

变或突破。这种类型的故事能够突出你产品或服务的独特价值，并激发观众的共鸣和兴趣。

**成功案例：**详细描述一些客户在使用你的产品或服务后取得的具体成果，如业绩增长、效率提升、成本降低、生活质量改善等。这些成功案例不仅证明了你的产品或服务的有效性，还能为潜在客户提供可量化的参考依据。

**情感共鸣：**讲述一些能够触动观众情感的故事，比如客户因为使用你的产品或服务而解决了长期以来的烦恼、实现了个人梦想或增进了与家人朋友的关系。这样的故事能够引发观众的共鸣，增强他们对你的品牌或产品的情感联结。

**挑战与应对：**分享一些客户在使用你的产品或服务过程中遇到的挑战和困难，以及他们是如何在你的帮助下克服这些困难的。这种类型的故事能够展示你的专业能力和服务意识，同时也让观众感到你的产品或服务在解决复杂问题时的可靠性和稳定性。

**持续合作与信赖：**讲述一些长期合作客户的故事，他们因为对你的品牌或产品的信任和满意而持续选择你作为合作伙伴。这样的故事能够证明你的品牌忠诚度和客户满意度，同时也为潜在客户提供了一个稳定的参考点。

**意外之喜：**分享一些客户在使用你的产品或服务时获得的意外收获或惊喜。比如，他们原本只是为了解决某个具体问题而购买你的产品，但最终发现你的产品还带来了其他意想不到的便利或价值。这样的故事能够增加观众对你产品或服务的好奇心和探索欲。

以上是讲述客户见证的故事类型，通过精心挑选和讲述客户见证故事，可以有效地放大自己的影响力，提升演讲的说服力和感染力。同时在讲述客户见证故事时，要注意以下几点：确保故事的真实性，避免夸大其词或虚构情节；突出客户的真实感受和需求，让观众感到故事中的情感共鸣；注重细节描述，让故事更加生动具体，易于观众理解和接受；适时引导观众思考，让他们从故事中汲取经验和启示。

## 三、团队合作故事

讲述团队合作的故事，实际上是告诉观众你们是一个有什么样文化和价值观的团队，以及你们共同协作创造了什么价值。那么可以讲哪些团队合作的故事呢？

### 1. 团队成员的故事

“猪八戒，取经队伍里的活宝。说到猪八戒，不得不提的就是他的贪吃。在取经路上，每当师徒四人经过村庄或城镇，猪八戒总是第一个闻到饭香，眼睛就开始四处搜寻美食。有时候，为了能吃上一口好吃的，他甚至不惜冒着被妖怪抓走的风险。懒惰是猪八戒的另一个显著特点。每当遇到需要出力气的活，他总是能找各种理由推脱。挑担子、背行李这些重活累活，他总是想方设法让孙悟空或沙僧去做。尽管猪八戒有着诸多缺点，但他的善良和忠诚却是无可置疑的。每当唐僧遇到危险时，他总是第一个冲上前去保护师傅。在面对妖怪时，他虽然害怕，也会勇敢地拿起钉耙与之战斗。他对唐僧的忠诚和对团队的关心，让他在团队中占据了不可或缺的位置。”通过讲述猪八戒的故事，来展现团队成员的精神面貌，也让观众对于这个团队更加感兴趣。

### 2. 团队氛围的故事

“在女儿国，唐僧误饮了子母河的水而怀孕。面对这一突如其来的变故，师徒四人没有相互指责或抱怨，而是齐心协力寻找解药。在这个过程中，他们不仅展现了深厚的师徒情谊和团队凝聚力，还通过智慧和勇气成功地解决了问题。”女儿国的故事展现了一种相互支持、相互鼓励，并克服了一个又一个难关的积极向上的团队氛围。

### 3. 团队信念的故事

“火焰山是取经路上的一座巨大火山，常年烈焰熊熊，无人能够穿越。为了取得真经，师徒四人必须克服这一难关。当他们来到火焰山脚下时，只见火光冲天，热浪滚滚，连孙悟空的金箍棒都几乎要被烤软。面对如此艰巨的挑战，师徒四人并没有退缩。最终，在师徒四人的共同努力下，他们成功地穿越了火焰山，继续踏上了取经的征途。这次经历不仅让他们更加坚定了取得真经的信念，也让他们之间的关系更加紧密和牢固。”在《西游记》这部古典名著中，师徒四人取经的漫长旅程不仅是对体力和智慧的考验，更是对团队信念的极致诠释。他们面对九九八十一难，始终坚守着取得真经、普度众生的信念，这种坚定的信念成了他们团队最强大的精神支柱。

所以，笨蛋讲道理，高手讲故事。这个世界最高明的行为，莫过于通过故事影响别人。以上三种故事可以有效放大演讲者的个人影响力，助力演讲者获得个人品牌。

### 玉米给你列清单
List

个人成长故事

客户见证故事

团队合作故事

## 第四节

## 巧妙链接：演讲者潜移默化的吸粉指南

建立与观众的链接是演讲成功的关键。当演讲者与观众之间建立起深厚的情感联结时，观众更容易被演讲内容所吸引，产生共鸣，并产生对演讲者的信任和好感。潜移默化地让观众成为自己的粉丝，也是演讲者个人品牌建设和影响力提升的重要方式。一个拥有众多粉丝的演讲者，往往具有更高的知名度和影响力，能够吸引更多的关注和机会。所以如何巧妙地在演讲的前、中、后三个环节和观众产生链接呢？接下来从三个方面分别阐述。

## 一、演讲前产生链接

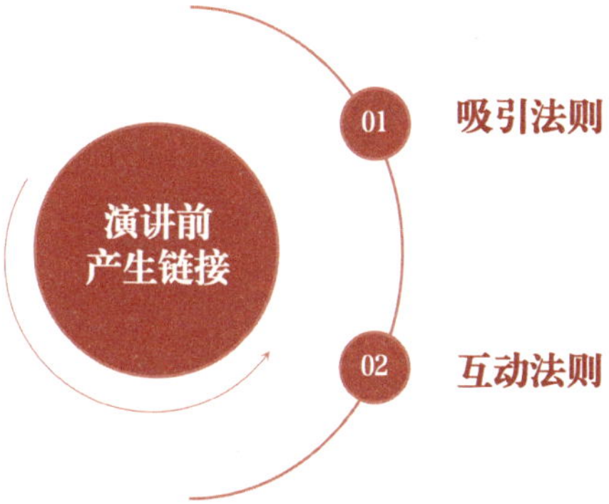


### 1. 吸引法则

“你生活中的一切都是被你自身的磁力吸引来的。”也就是说，你知道自己的能力吗？你知道自己的优势吗？你又是通过什么方式让别人知道你的能力呢？在演讲前，我们是否可以通过一些可行的方式让观众不仅知道你演讲的主题，还知道“你是谁”呢？此时不管是出现在宣传海报上的介绍还是出现在公司通告上的介绍，都要具有吸引力，都要能展现能量，从而潜移默化地让观众对你产生认可和信赖。一个可以吸粉的自我介绍是什么样的？

**公式：关键数据 + 成就事件 + 可提供的价值**

我在朋友圈里看到我学员的一张分享海报，上面的自我介绍写的是：“创业者，人工智能工程师”。说的都是事实，但就是没有突出自身的亮点和经历，没有办法吸引我听他的演讲。怎么按照公式来修改呢：“获人工智能类专利 100+、2023 年年营收突破 10 个亿”，再加上演讲主题，就可以展示此次分享的价值，吸引精准的观众。

### 2. 互动法则

演讲前进行观众需求调查对于提升演讲的针对性、吸引力、互动性、实用性等都具有重要作用。它是演讲准备过程中不可或缺的一环，有助于演讲者更好地满足观众需求，实现演讲目标。同时通过互动，提前与观众进行链接，增加观众的参与感，也加深观众对演讲者的印象。

## 二、演讲中产生链接

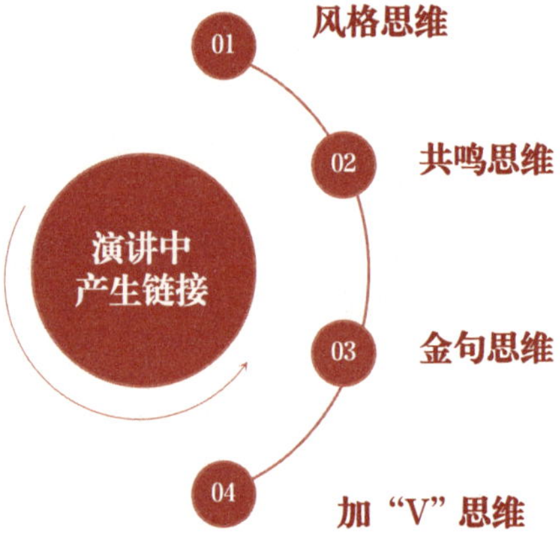


### 1. 风格思维

有风格的演讲者往往具备独特的语言魅力和表达方式，他们运用生动的比喻、形象的描绘，抑或幽默的调侃，让演讲内容更加生动有趣。这种独特的表达方式能够吸引观众的注意力，使他们更容易理解和接受演讲内容。

有风格的演讲者使观众感到他们的独特魅力。这种个性魅力能够吸引观众的眼球，让他们对演讲者产生好感，并愿意成为他们的粉丝。

### 2. 共鸣思维

情感联结是产生共鸣的基础。当演讲者能够触及观众的情感深处，引发他们的共鸣时，观众会感到被理解、被关注。这种情感联结让演讲者和观众之间建立起了紧密的联系，使观众对演讲者产生了好感和信任。

当演讲者分享与观众相似的经历、观点或价值观时，观众会感到被认同和接纳。这种认同感让观众觉得演讲者是他们中的一员，与他们有着共同的语言和追求，从而更容易被吸引和追随。

启发和激励也是演讲者能够吸引粉丝的关键。当演讲者通过共鸣传达出积极向上的信息、鼓励观众追求梦想或克服困难时，观众会感到一种正能量和动力。这种启发和激励让观众觉得演讲者不仅理解他们，还能帮助他们成长和进步，从而愿意成为他们的粉丝，跟随他们的脚步。

### 3. 金句思维

金句具有深刻的内涵和独特的表达，能够瞬间触动人们的心灵。当演讲者能够频繁抛出金句时，观众会感到演讲者的智慧和才情，从而对他们产生敬佩和喜欢之情。

此外，金句还具有传播性强的特点。在社交媒体高度发达的今天，一句精彩的金句往往能够在短时间内被大量转发和分享，让演讲者的知名度和影响力迅速扩大。这也是金句频出的演讲者容易吸引粉丝的一个重要原因。

### 4. 加 V 思维

利用从众心理：在演讲过程中，适时提及已经有很多人关注了你的微信，并分享了与你的互动经验。强调加入微信可以获取更多有价值的信息、参与讨论或获得特别优惠等。这样，观众在感到周围人的积极行动时，更有可能产生加入的冲动。

设置互动环节：在演讲中设计一些互动环节，如提问、投票或小游戏等，鼓励观众积极参与。在互动环节结束后，可以顺便提及加入微信可以更方便地参与未来的活动或获取更多互动机会。

提供便捷的加入方式：在演讲现场或投影屏幕上展示你的微信二维码，并说明扫描二维码即可快速添加。为了方便观众操作，可以在二维码旁边放置一些指示语或标语，提醒观众及时添加。

强调社群价值：强调你的微信朋友圈或群聊是一个积极、有价值的社群，分享一些过去社群内的精彩互动或成功案例。这样，观众会更愿意加入，以期待与志同道合的人交流和学习。

在整个过程中，保持真诚和专业的态度至关重要。避免过分强调加入微信的好处，以免给观众留下过于功利或推销的印象。

## 三、演讲后产生链接

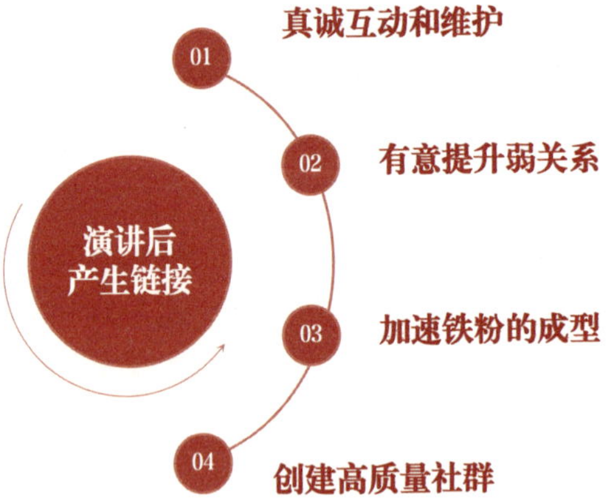

## 1. 真诚互动和维护

演讲后与粉丝进行真诚的互动和维护粉丝关系，是建立良好形象和口碑的关键。

首先，要真诚地表达感谢。在演讲结束后，向粉丝表达衷心的感谢，让他们感受到你的诚意和尊重。可以通过鞠躬、握手或简短的话语来表达感激之情，让他们知道你珍惜他们的支持和关注。

其次，主动与粉丝进行交流。在演讲后的互动环节，可以主动走向粉丝，与他们进行面对面的交流。询问他们对演讲的看法、意见和建议，认真倾听他们的想法，并尽可能给予回应和解答。这样不仅可以增进彼此的了解，还能让粉丝感受到你的关心。

再次，利用社交媒体平台与粉丝保持联系。在演讲结束后，可以在社交媒体上发布感谢视频或文字，让无法到场的粉丝也能感受到你的真诚。此外，可以定期发布与演讲相关的内容、心得和感悟，与粉丝进行互动和交流，让他们感到你的持续关注和努力。

复次，关注粉丝的反馈并持续改进。认真倾听粉丝的反馈和建议，了解他们的需求和期望，并努力改进自己的演讲内容和方式。通过不断学习和努力，提高自己的演讲水平，为粉丝带来更好的体验和价值。

最后，举办粉丝见面会或线上活动。为了更深入地与粉丝互动，可以定期举办粉丝见面会或线上活动，让粉丝有机会近距离接触你，分享彼此的故事和经历。这样的活动不仅可以加深彼此的感情，还能为粉丝带来难忘的回忆。

## 2. 有意提升弱关系

打造个人品牌不是为了获得亲朋好友的夸奖，而是为了吸引远方的目光。

在我们身边有很多弱关系，大家接触并不多，可是大多数的铁粉都是从弱关系逐渐演变而来的。通常与来自不同领域、不同背景的人群建立联系，可以接触到更多的信息和资源，从而丰富个人的知识和经验。随着个人品牌的不断壮大，可能需要更多的资源和支持来推动发展。弱关系网络中的个体可能具有不同的资源和人脉，通过与他们建立长期稳定的合作关系，可以为个人品牌的可持续发展提供有力的支持。

以下几种方法有利于提升弱关系：

**请他人帮一个忙：**当你向他人提出请求时，这就为双方提供了一个交流和合作的机会。通过这个过程，你们之间的对话和互动会增多，有助于加深彼此的了解和熟悉度。帮助他人往往能够带来一种满足感和成就感。当人们被请求帮忙时，如果他们能够满足这个请求，往往会感到自己是有价值的，被重视的。这种积极的情感体验会让他们对你产生好感，从而增进你们之间的情感联结。

需要注意的是，请求他人帮忙时，要确保请求的合理性和适度性，避免给他人带来过多的负担或压力。同时，也要表达出自己的感激和诚意，以体现对他人的尊重和认可。

**帮他人一个忙：**帮助他人能够展现你的善良和乐于助人的品质。当你主动伸出援手，为他人解决问题或提供帮助时，他们会感到你的善意和关心。这种积极的互动有助于建立起一种正面的情感联结，使你们之间的关系更加紧密。

在帮助他人的过程中，你们可能会进行深入的对话，分享彼此的经验和观点。这种交流有助于打破陌生感和隔阂，让你们更加了解彼此，从而建立起更深层次的关系。你还可以建立起自己的信誉和声誉。当他人看到你乐于助人、值得信赖的一面时，他们会对你产生更多的好感和信任。这种信任和好感会促使他们更愿意与你建立深入的关系，并在未来与你进行更多的互动和合作。

**让自己值得被帮助：**当你表现出自己的价值和能力时，他人会更愿意与你建立关系。人们通常倾向于与那些能够为其带来积极影响、提供支持和帮助的人建立深厚的联系。如果你能够展现才华、技能和知识，他人会更容易看到你的价值，从而更愿意与你交往并建立关系。

此外，通过努力提升自己，使自己变得更有价值，也能吸引更多志同道合的人与你建立关系。当你不断进步、成长并展现积极向上的态度时，你会吸引到那些同样追求进步和成长的人。这样的关系建立在共同的目标和价值观之上，更容易形成长久而稳定的联系。

### 3. 加速铁粉的成型

什么是铁粉？优质且有一定购买力的忠实用户。他们具备正向价值观和一定的思考力，同时具备一定的消费意愿或者能力，还可以无条件支持你。

那怎么让身边的粉丝成为铁杆粉丝呢？有三个标准：

**“收过费”**往往意味着粉丝对于某个个体或团队有了一定的经济投入。这种投入不仅是对其产品或服务的认可，更是一种情感上的绑定。当粉丝为某个个体或团队付费时，他们通常会对其产生更高的期待和关注，也更容易在心理上形成强烈的归属感。这种归属感是成为铁粉的重要基础。

**“成过事”**意味着粉丝见证了个体或团队的成长和成功。这种共同经历能够加深粉丝与个体或团队之间的情感联结，让他们感到自己也是其中的一部分。当粉丝看到自己所支持的个体或团队取得成就时，他们会感到自豪和满足，这种情感体验会进一步巩固他们的铁粉地位。

**“交过心”**则是指粉丝与个体或团队之间建立了深厚的情感联结。这种联结可能源于共同的价值观、兴趣爱好或经历，也可能源于个体或团队对粉丝的真诚关心和照顾。当粉丝感受到这种情感上的共鸣和认同时，他们会更愿意长期支持和关注个体或团队，成为铁粉。

综上所述，“收过费，成过事，交过心”这些经历通过经济投入、共同经历和情感联结等，加深了粉丝与个体或团队之间的关系，从而加速了粉丝成为铁粉的过程。

### 4. 创建高质量社群

给自己的粉丝建立高质量的社群，能够提供一个稳定的交流平台。首先，在这个平台上，粉丝可以分享自己的见解、经验和感受，与偶像或其他粉丝进行深入讨论。这种互动有助于建立更紧密的关系，使粉丝更加认同和支持偶像。

其次，高质量的社群能够提升粉丝的归属感和忠诚度。当粉丝感到自己在一个充满关爱和支持的社群中时，他们会更愿意为偶像付出时间和努力，参与各种活动，传播正面信息。这种归属感和忠诚度对于偶像来说是无价之宝，能够转化为强大的支持力量。

最后，高质量的社群有助于偶像更好地了解粉丝的需求和期望。通过社群中的互动和反馈，偶像可以更加准确地把握粉丝的心理和喜好，从而调整自己的形象和策略，更好地满足粉丝的期待。这种互动和反馈机制有助于偶像与粉丝之间建立更加和谐、稳定的关系。

**玉米给你列清单**
List

**演讲前产生链接**

**演讲中产生链接**

**演讲后产生链接**

# 后记

随着《赢在演讲》这本书的撰写和反复修改，终于要写下这篇后记了，我的心中充满了复杂的情感。这不仅仅是一本书的完成，更是一次关于演讲、关于成长、关于自我超越的深刻旅程。在撰写这本书的过程中，我仿佛与每一位读者并肩而行，共同经历了从迷茫到清晰、从畏惧到自信、从平凡到卓越的蜕变过程。

在撰写《赢在演讲》的过程中，我深刻体会到了演讲的力量与魅力。一个优秀的演讲者，不仅能够用精准的语言传达信息、用生动的案例诠释观点，更能够用真诚的情感打动人心。这种力量，让我们在人生的舞台上更加自信，更加从容地面对各种挑战与机遇。

然而，我也深知，《赢在演讲》只是我探索演讲艺术的一个起点，而非终点。同时，我也期待每一位读者能够在这本书的引导下，不断地学习、实践、反思与超越，最终成为自己人生舞台上的最佳演讲者。

对于演讲，我始终抱有敬畏之心。它是一门艺术，更是一种力量。我深信，每个人心中都潜藏着成为演讲高手的潜力，只需找到那把开启大门的钥匙。因此，在撰写《赢在演讲》时，我倾注了所有的热情与心血，希望能够为每一位读者提供那把钥匙，助力他们开启属于自己的演讲之旅。

我衷心希望，通过这本书，大家能够收获以下三点：

一是演讲小白也可以成为演讲高手：无论你是初次接触演讲的新手，还是曾对演讲感到畏惧的“小白”，我都希望你能从这本书中找到信心和勇气。这本书不仅详细解析了演讲的基本技巧，还提供了丰富的实战案例和练习方法，让你在实践中不断成长，逐步蜕变为演讲舞台上的佼佼者。

二是干得漂亮更要讲得漂亮：在这个快节奏的时代，我们往往过于注重行动的结果，却忽略了表达的重要性。我希望这本书能够让你意识到，优秀的行动成果需要通过精彩的演讲来传递和放大。无论是项目汇报、产品发布还是公开演讲，掌握良好的演讲技巧都能让你的工作成果更加耀眼夺目。

三是坚持长期主义让自己更值钱：演讲能力的提升并非一蹴而就，它需要时间的积累和不断的努力。希望大家保持耐心和毅力，将演讲视为一项长期的投资。通过持续的学习、实践和反思，你将逐渐发现自己在演讲方面的进步与成长。记住，成功往往属于那些能够坚持到最后的人。

在此，我要特别感谢那些在创作过程中给予我帮助和支持的人们。是你们的宝贵意见与建议，让这本书更加完善与精彩。同时，我也要向每一位阅读这本书的读者表示最诚挚的感谢，是你们的信任与期待，让我有动力继续前行，在写作的道路上不断探索与追求。愿这本书能够成为你演讲道路上的良师益友，陪伴你走过每一个精彩瞬间。